아담 해밀턴 목사의

세상을 바꾼 24시간

24 Hours That Changed the World

아담 해밀턴 지음 | **유성준** 옮김

kmc

24 Hours
That Changed the World

By Adam Hamilton

copyright © 2009 by Abingdon Press
Nashville, Tennessee USA
All rights reserved.

Translation rights © 2011 The KMC Press, Seoul, Korea
This edition is published by arrangement with Abingdon Press.

이 책의 한국어판 저작권은 미국의 Abingdon Press와의 계약으로
도서출판 KMC에 있습니다.
저작권법에 의해 대한민국 안에서 보호를 받는 저작물이므로
허락 없이 복사, 인용, 전재하는 것을 금합니다.

삽화_ 켄 M. 스트릭랜드(Ken M. Strickland)

세상을 바꾼 24시간

초판 1쇄 2011년 4월 18일

아담 해밀턴 지음
유성준 옮김

발행인 | 신경하
편집인 | 손인선

펴낸곳 | 도서출판 kmc
등록번호 | 제2-1607호
등록일자 | 1993년 9월 4일

(100-101) 서울특별시 중구 태평로1가 64-8 감리회관 16층
      (재)기독교대한감리회 출판국
대표전화 | 02-399-2008 팩스 | 02-399-4365
홈페이지 | http://www.kmcmall.co.kr
      http://www.kmc.or.kr
디자인 | 디자인 화소 02-783-3853

값 10,000원

ISBN 978-89-8430-528-1-04230
    978-89-8430-527-4 (세트)

• 감사의 글
24 Hours That Changed the World

　부활의교회 성도들에게 먼저 감사의 말씀을 드린다. 이 책은 우리교회 성도들과 연속설교로 말씀을 나누면서부터 시작되었다. 역동적인 우리 성도들을 담임목사로 섬기는 것은 큰 복이다.

　이 책을 위해 밥 웹스터와 알렉스 슈윈트는 나와 함께 성지순례에 동행하였으며 자료 수집 · 편집에 많은 도움을 주었다. 감사를 드린다. 그리고 연합감리교회의 성지순례를 위한 기관 "교육적인 기회들"(Educational Opportunities)에서 성지 탐구에 도움을 주었다. 특별히 제임스 리지웨이에게 감사를 드린다. 나의 비서 수 탐슨은 10년 넘게 나의 사역에 많은 도움을 주었다. 그녀의 작업이 직접적으로 이 책에 인용되지만, 보이지 않는 많은 부분에도 조명되어 있다. 편집 재교정 작업과 설교 원고를 각 단원으로 영감 있게 구성해 준 밥 심벡에게도 특별한 감사를 드린다.

　마지막으로, 동역자이자 아내이며 가장 소중한 친구 라본 해밀턴은 내 인생과 신앙을 만들어 가는 사람이다. 라본은 이 책의 많은 아이디어들을 나와 함께 나누었고, 이 책과 더불어 앞으로 소개할 40일 묵상집에 많은 영적 통찰력을 주었다. 또한 우리교회 소그룹 회원들의 영감 있는 조언도 많은 도움이 되었다. 함께한 모든 이들에게 감사를 드린다.

아담 해밀턴

역자 서문
24 Hours That Changed the World

   미국 주류교단 갱신운동의 리더이며 미국 연합감리교회의 가장 역동적인 부활의교회 담임 아담 해밀턴 목사의 베스트셀러를 한국교회에 소개하게 된 것을 큰 기쁨으로 생각한다. 또한 아담 해밀턴 목사를 초대하여 2010년 11월 주안 리더십 컨퍼런스를 통하여 리더십, 전도와 설교를 주제로 그의 사역을 한국교회에 최초로 소개한 것도 큰 보람이었다.

   내가 2010년 안식년 기간에 미국에서 머무는 동안 발견한 것은 사순절 기간뿐 아니라 평소에도 미주의 주류교단 교인들이 가장 많이 읽고 교회에서 사용하는 기독교 저서 중 하나가 「세상을 바꾼 24시간」과 이 책과 관련한 동영상과 40일 묵상집*이었다.

   예수께서 공생애 기간 동안 말씀하신 복음의 핵심은 '하나님의 나라'고, 하나님의 나라 가치관(Kingdom Value)을 극명하게 보여 준 것이 십자가와 부활이다.

   이 시대 한국 개신교가 위기라고 이구동성으로 이야기한다. 지금도 60% 이상의 교회들이 미자립교회로 힘들게 사역하고 있지만, 이 시대 전반적인 교회의 모습은 마틴 루터의 종교개혁 이후 가장 타락한 교회의 모습이라는 교계 원로의 지적은 타당하다. 교회의 위기는 교회가 하나님의 나라 가치관을 추구하는 것보다 세상 문화에 중독되어 있는 것이고, 그 뿌리는 세속주의다.

감리교 창시자 존 웨슬리는 마태복음의 천국(Kingdom of Heaven)과 마가복음, 누가복음의 '하나님의 나라'(Kingdom of God)를 동의어로 이해했다. 그래서 웨슬리는 그리스도인의 삶을 '천국의 시작'이라고 했고, 충성스러운 교회가 천국의 현재적 선취(anticipation)라고 이해했다. 웨슬리는 교회가 사도행전 2장에 나오는 예루살렘 교회의 특성을 가진 성결(Holiness)로 갱신된 교회를 꿈꾸었다. 그것은 이 시대 위기 가운데 있는 한국 개신교회가 지향해야 될 목표이기도 하다.

교회력 가운데 사순절과 고난주간은 세상을 바꾼 예수 그리스도의 구원사역의 절정을 이루는 절기다. 따라서 예수님의 수난에 대해 그저 감상적 접근에 그치는 것은 매우 위험하다.

성서 속의 현장 상황과 인물들의 모습은 예수님의 말씀을 뒷받침하는 매우 중요한 신학적 재료가 된다. 성서 한 장면 한 장면에 대한 깊은 성찰과 신학적 상상력이 없는 단순한 문자적 성경 이해야말로 실로 위험한 것이다.

이 책은 예수님의 공생애 마지막 24시간에 대한 성서와 역사적인 자세한 자료들과 인물들을 그 시대의 관점에서 볼 수 있도록 소개하고 있다. 특별히 예수님이 인간의 몸을 입고 이 땅에 와서 보여 준 행적과 인물들의 입장에서 그 사건을 볼 수 있도록 독자들을 인도하고 있다. 유다, 베드로, 요한, 빌라도, 공회의 모습이 오늘날 우리의 모습이고 교회의 모습이다.

이렇듯 이 책은 예수님의 공생애 최후 24시간의 사건, 등장인물과 태도 등을 신학적으로 상상함으로써 그리스도 구원사건을 실체적이고 내재적인 사건으로 받아들이게 해 준다. 이 책을 읽는 동안 우리 인간의 연약함과 편견에 대해 생각하게 하며 크리스천으로서 우리의 정체성에 대한 심각한 도전을 받게 한다.

이 책이 특별히 사순절과 고난주간에 중요한 의미가 있지만 그 기간에만 필요한 내용은 아니다. 이 책에서 저자가 강조하는 교훈과 생각들을 매일 매일의 삶과 사역에서 지속적으로 상기하며 적용할 필요가 있다.

사도 바울은 "십자가의 도가 멸망하는 자들에게는 미련한 것이요 구원을 받는 우리에게는 하나님의 능력이라(고전 1:18)"고 하였고, "내가 너희 중에서 예수 그리스도와 그가 십자가에 못 박히신 것 외에는 아무 것도 알지 아니하기로 작정하였음이라(고전 2:2)"고 고백하였다. 이 책을 읽는 독자들과 교회들에게 십자가의 도가 새롭게 조명되는 기회가 되기를 기원해 본다.

2011년 사순절을 시작하며
화성 봉담골에서 유성준 목사

* 편집자 주 : kmc에서 DVD 미출간, 묵상집 출간 예정.

차 례

24 Hours That Changed the World

감사의 글 | 03
역자 서문 | 04

서론 | 08
1. 최후의 만찬 | 14
2. 겟세마네 동산 | 40
3. 의로운 자들에게 정죄당함 | 62
4. 예수, 바라바, 그리고 빌라도 | 86
5. 고문과 모욕을 당하는 왕 | 114
6. 십자가 | 140
7. 승리자 그리스도 | 170

주 | 199

• 서론

24 Hours That Changed the World

　예수는 약 12,000일간의 삶 이후, 33세 나이에 죽었다고 알려져 있다. 그런데 복음서 저자들은 주로 예수의 생애 중 마지막 3년, 즉 약 1,100일 정도에 초점을 맞추고 있다. 그리고 그들의 가장 중요한 관심은 그 중에서도 어느 특정한 날, 즉 예수가 십자가에 못 박힌 날에 있다. 복음서 저자들은 이 24시간이 세상을 바꾸었다고 믿는다. 그리고 모든 복음서들은 그것을 향해 흐르고 있다.

　목요일 저녁 해가 지고 난 후부터 시작하여 금요일 내내 예수는 그의 제자들과 마지막 만찬을 먹고, 겟세마네 동산에서 기도하고, 그의 친구들에게 배신과 버림을 당하고, 종교 지도자들에게 신성모독죄인으로 정죄당하고, 본디오 빌라도에게 반란죄로 심문과 판결을 받고, 로마 병사들에게 고문을 당하고, 십자가에 달려 죽고 장사되었다.

　사도 바울은 고린도교회 성도들에게 복음서의 내용을 요약하면서 "내가 너희 중에서 예수 그리스도와 그가 십자가에 못 박히신 것 외에는 아무 것도 알지 아니하기로 작정하였음이라(고전 2:2)"고 말하기도 했다. 즉 예수 그리스도의 고난, 죽음, 부활은 복음의 핵심이며, 예수를 통한 하나님의 구원사역의 완성이다.

이 책의 목적은 당신이 예수의 생애 마지막 24시간 동안 일어났던 사건들을 더 잘 이해하고, 예수의 고난과 죽음이 가진 중요한 신학적 의미를 더욱 선명하게 볼 수 있도록 함이다. 그리고 이 사건들이 당신의 삶에 주는 의미가 무엇인지 더욱 깊이 성찰하도록 돕는 것이다. 이것을 위해 우리는 이 운명의 날에 일어났던 사건들의 배경이 되는 지정학적, 역사적 상황들을 살펴볼 것이다. 그리고 예수의 죽음을 신학적으로 살펴볼 것이다. 그리고 궁극적으로는 그 이야기 속에서 우리 자신을 살펴볼 것이다. 우리가 어떻게 빌라도, 베드로, 유다, 또는 요한과 비슷한지 말이다.

이 과제를 위한 우리의 시작점은 예수의 생애 마지막 기사들을 다룬 마가복음이 될 것이다(대부분 학자들은 마가복음이 최초로 기록된 복음서라고 믿고 있다). 하지만 다른 복음서*들도 함께 살펴봄으로써 부족한 부분을 보충할 것이다. 우리의 여정은 목요일 밤에 있었던 최후의 만찬에서 시작하여 다음 날 오후 십자가 위에서의 예수의 죽음에서 끝나게 될 것이다. 그리고 마지막 장은 예수의 부활에 대해 살펴볼 것이다.

나는 이 책과 더불어 여기에서 다루는 사건들이 일어났던 장소들이 있는 예루살렘 안과 주변을 영상으로 담은 비디오 한 편을 준비하였다. 이 비디오는 주일학교나 소그룹모임, 또는 성경공부나 독서그룹, 또는 여러분의 개인적 묵상을 위해 사용하면 좋을 것이다. 이 비디오는 이 책의 각 장에 맞춰 약 10분 정도 길이 분량으로 나눠져 있고, 인도자를 위한 가이드도 있다. 사순절 기간 동안 많은 사람들은 예수의 마지막 생애에 대해 공부하는 것에 관심 있을 것이다. 그리고 어빙돈 출판사(Abingdon Press)는 그런 분들을 위해 내가 준비한 40일 묵상집을 출판했다.

이 책을 저술하고 비디오를 제작하면서 예수 그리스도에 대한 나의 믿음과 사랑과 감사의 마음이 더욱 깊어졌다. 바라기는 이 책을 읽는 여러분 모두에게 동일한 감동이 있길 바란다.

아담 해밀턴

---

* 사복음서는 예수의 생애 마지막 24시간에 관련된 상세한 기록 면에서 많은 차이를 보인다. 또한 이러한 차이점에 대한 해석도 학자들마다 많이 다르다. 이 책에서 나는 일반적으로 마가복음의 시간적 순서와 전통적인 견해를 따랐다.

최후의 만찬

1
최후의 만찬

무교절의 첫날 곧 유월절 양 잡는 날에 제자들이 예수께 여짜오되 우리가 어디로 가서 선생님께서 유월절 음식을 잡수시게 준비하기를 원하시나이까 하매 그들이 먹을 때에 예수께서 떡을 가지사 축복하시고 떼어 제자들에게 주시며 이르시되 받으라 이것은 내 몸이니라 하시고 또 잔을 가지사 감사 기도 하시고 그들에게 주시니 다 이를 마시매 이르시되 이것은 많은 사람을 위하여 흘리는 나의 피 곧 언약의 피니라 진실로 너희에게 이르노니 내가 포도나무에서 난 것을 하나님 나라에서 새 것으로 마시는 날까지 다시 마시지 아니하리라 하시니라(막 14:12, 22~25)

목요일 저녁 **예루살렘의 한 다락방**

제자들은 예수의 말씀 때문에 혼란스러웠다. 본래 유월절 만찬은 하나님께서 그의 백성들을 이집트 종살이에서 구원하신 이야기를 다시 말하는 기쁨과 축하의 시간을 의미하였다. 그리고 이것은 하나님께서 메시아를 보내실 것이라는 소망을 암시하였다. 이러한 이유로 유월절 식사는 제자들에게 특별한 의미가 있었다. 그들은 예수가 바로 그 메시아라는 것과 그들이 지금 유월절에 예루살렘 안에 있으므로 예수가 곧 그의 나라를 선포하실 것임을 확신했기 때문이다. 나흘 전 예루살렘 군중은 "호산나"를 외치며 예수를 환영했다. 그런데 왜 예수는 지금 자신의 피를 흘려야 한다고 말하는 것일까? 도대체 이 말이 무슨 뜻일까?

역사적인 인물 중에 예수처럼 생애 마지막 일주일 동안 그렇게 빠르고 극적으로 운명이 뒤바뀐 인물은 거의 없다. 일요일에 예수는 그 앞에 종려나무 가지를 흩뿌리는 군중을 향해 자신이 약속된 메시아라는 확신을 주며 예루살렘 성에 입성했다. 그러나 공생애 기간 동안 예수와 가장 친밀하게 지냈던 열두 제자 중 한 명의 도움을 받아 예수를 죽이려고 모의하던 예루살렘 종교 지도자들의 음모 때문에 예수는 그 주간 목요일 저녁까지 주로 숨어 지냈다.

물론 예수는 어떤 일이 닥쳐오고 있는지 알고 있었다. 제자들은 전혀 이해하지 못했지만 예수는 이 모든 것을 예언했었다. 예수의 생애 마지막 24시간 동안 일어났던 사건들은 예수의 가장 가까운 자들을 시험하는 것이었고, 그들은 시험에 실패하였다.

예수는 자신의 공생애 대부분의 시간을 보냈던 갈릴리 지역에서 약 75마일 떨어진 예루살렘에 제자들과 함께 걸어서 도착했다. 그는 유월절 축제를 축하하기 위해, 또한 죽기 위해 왔다. 예수는 감람산 방면으로부터 예루살렘 성 안으로 들어갔는데, 그의 추종자 몇몇이 벗어놓은 옷을 얹은 나귀를 타고 입성했다. 그리고 수많은 무리들은 그를 향해 다음과 같이 외치며 찬양했다.

앞에서 가고 뒤에서 따르는 무리가 소리 높여 이르되
호산나 다윗의 자손이여 찬송하리로다 주의 이름으로 오시는 이여
가장 높은 곳에서 호산나 하더라(마 21:9)

본질적으로 그들의 외침은 "예수여, 지금 우리를 구원하소서!"라

고 말하는 것이었다. 도시를 둘러본 예수는 저녁이 되자 밤을 지내기 위해 감람산 위에 있는 베다니 마을로 돌아가셨다(막 11:11)*. 다음 날 예수는 성전으로 향했다. 모든 열방이 기도하도록 청함 받은 성전 이방인의 뜰에서 그는 사람들이 길거리 시장에서처럼 물건을 사고파는 것을 목격했다. 이에 대해 몹시 분노한 예수는 "기록된 바 내 집은 만민이 기도하는 집이라 칭함을 받으리라고 하지 아니하였느냐 너희는 강도의 소굴을 만들었도다(막 11:17)" 말씀하시며, 돈 바꾸는 자들의 상을 엎고 장사꾼들을 몰아냈다(마 21:12). 결과적으로 이러한 예수의 행동은 성전의 모든 것을 관리하던 종교 지도자들을 화나게 하였다.

예수는 그 주 내내 매일 성전 뜰로 되돌아가 가르쳤는데, 그때마다 같은 종교 지도자들을 향해 계속 강하게 도전하면서 자신의 개혁 사상을 강조했다. "화 있을진저 외식하는 서기관들과 바리새인들이여 회칠한 무덤 같으니 겉으로는 아름답게 보이나 그 안에는 죽은 사람의 뼈와 모든 더러운 것이 가득하도다(마 23:27)" 예수는 영적 교만과 굳은 마음, 그리고 잃어버린 자들을 더욱 분리시키는 율법 규칙을 강요한 종교 지도자들을 크게 꾸짖었다. 실제로 예수는 사람들에게 "종교 지도자들이 너희에게 하라는 것은 행하라. 하지만 그들이 행하는 대로 따라 하지 말라. 그들은 마치 눈먼 자가 눈먼 자를 인도하는 것과 같기 때문이나."라고 말하였다.

이러한 모든 비난과 도전으로, 예수는 서기관, 바리새인, 사두개인들을 더욱 화나게 하였다. 예수가 성전에 들어갈 때마다 긴장은 더욱 고조되었고, 결국 목요일이 되자 종교 지도자들은 예수를 죽일 뜻을 분명히 세웠다.

유월절 만찬 준비

목요일 정오 예수는 두 명의 제자들에게로 돌아왔다(누가는 이 두 사람이 베드로와 요한이라고 말한다[21:8].). 그리고 그들에게 마을로 들어가 예수가 제자들과 함께 조용히 유월절 만찬 또는 식사를 할 수 있도록 준비하라고 지시했다.

예수는 제자들에게 이렇게 말했다. "성내로 들어가라 그리하면 물 한 동이를 가지고 가는 사람을 만나리니 그를 따라가라(Go into the city, and a man carrying a jar of water will meet you, follow him: 막 14:13)" 물동이를 가지고 다니는 것은 여자들의 일이었다. 따라서 그런 남자(편집자 주 : 영문성경에는 이 성경구절의 '사람'을 'man'으로 표현하였다)가 있다면 예루살렘의 복잡한 거리에서 금방 눈에 띄었을 것이다. 이에 대해 어떤 이들은 예수가 미래에 일어날 일을 볼 수 있는 신기한 능력이 있다고 믿는 반면, 어떤 이들은 예수가 이 모든 것을 미리 짜놓았다고 생각한다. 둘 중 어떤 경우든 예수는 제자들에게 "어디든지 그가 들어가는 그 집 주인에게 이르되 선생님의 말씀이 내가 내 제자들과 함께 유월절 음식을 먹을 나의 객실이 어디 있느냐(막 14:14)' 고 요청하라"고 말씀하셨다.

어쨌든 이 정도의 집을 소유한 사람은 부자였을 것이다. 따라서 그는 예수와 그의 제자들을 초대하기 위해 그의 재산, 지위, 그리고 아마 목숨 자체를 걸어야만 하였을 것이다.

모든 것은 예수가 말한 그대로 진행되었다. 베드로와 요한은 다락방에 유월절 만찬을 준비했는데, 아마도 이 다락방은 오순절에 120명의 제자들이 모여 성령을 충만히 받고 방언을 말하던 장소와 동일한 장소일 것이다. 오후 3시경에 베드로와 요한은 그날 똑같은 목적을 가지고 모인 수많은 사람들의 대열에 참여하여 제사 때 쓸 양 한 마리를 이끌고 성전에 갔을 것이다. 사람들의 시편 찬송 소리와 함께 양의 목은 잘리고, 한 제사장은 양의 피를 그릇에 받아 그것을 제단 아래로 부었을 것이다. 그리고 또 다른 제사장은 양의 살을 찢었을 것이다. 그 후 베드로와 요한은 양고기를 가지고 다락방에 있는 부엌으로 돌아와 기름과 포도주로 양념을 한 후 서너 시간 정도 고기를 구웠을 것이다. 이윽고 저녁 7시 무렵 예수와 다른 제자들은 다락방에서 베드로와 요한이 준비한 식사에 함께 참여했을 것이다.

예수와 제자들이 함께 나눈 유월절 만찬은 출애굽기 3~13장에 기록된 하나님의 이스라엘을 향한 구원의 행하심을 기념한다. 하나님께서 이스라엘 백성을 구원하기 위해서 모세를 불렀을 때, 그들은

400년 동안 애굽에서 종살이를 하고 있었다. 모세는 바로에게 자기 백성을 내놓으라고 요구했지만 애굽왕은 거절하였다. 그래서 하나님은 일련의 재앙을 애굽인들에게 내리셨다. 그러나 바로는 여전히 모세의 요구를 받아들이지 않았다. 마침내 하나님은 모세에게 애굽 땅에 최악의 끔찍한 재앙을 내릴 것인데, 이 재앙 이후 바로가 이스라엘 백성들이 떠나도록 허락할 것이라고 말씀하셨다. 하나님은 애굽 모든 집의 장자와 가축의 첫 새끼를 치려고 작정하셨다.

그날 밤 이스라엘 백성들은 하나님께 양 한 마리를 희생물로 드려야 했다. 이스라엘 백성들은 그 양의 피로 집 문설주에 표시해야 했다. 죽음의 천사가 애굽 전역을 다닐 때 천사는 양의 피로 표시된 집은 넘어갔고, 그 집의 장자는 살아남았다. 그리고 이스라엘 백성들은 애굽에서 구출되기 전 마지막 저녁식사 음식으로 잡은 양을 요리하여 먹었다.

가장 비천한 자의 집에서부터 바로의 왕궁에 이르기까지 애굽 전역에 죽음이 임하였다. 아침이 되자 애굽 전역에는 슬픔이 넘쳤다. 그러한 파멸의 한복판에서 드디어 바로는 마음을 돌이켜서 이스라엘 백성들에게 애굽을 떠날 것을 명령하였다. 빵의 누룩을 부풀릴 시간이 없을 정도로 이스라엘 백성들은 재빨리 탈출하기 위해 준비하였다. 그 결과 이스라엘 백성들이 가지고 간 것은 누룩이 없는 **빵**이었다.

이스라엘 백성의 탈출은 40년간의 행군을 통해 이스라엘을 한 국가로 변모시키고 약속의 땅으로 인도할, 광야를 지나는 장엄한 여정의 출발이었다. 그날 이후 이스라엘은 해마다 애굽의 구속에서 그들을 벗어나게 한 유월절을 기념하였고, 유월절 식사는 '무교병의 축제'로 영원히 기억될 것이다. 출애굽기 12장은 하나님께서 이스라엘 백성에게 이 유월절 식사를 어떻게 준비할 것인지 명령한 내용이 기록되어 있는데, 그것은 종의 신분에서 자유인으로 구출된 구원을 기억하며 양을 잡아 굽고, 누룩 없는 빵과 쓴 나물을 준비하라는 것이었다.

아내 라본(LaVon)의 친구이자 나와 함께 유월절 만찬을 나눈 적이 있는 랍비 에이미 캣츠는 "유월절 식사는 음식부터 먹는 방식, 앉는 방식에 이르기까지 종교적 의식(ritual)으로 가득하다."라고 말한다. 라본과 나는 랍비 캣츠와 함께 소 가슴살, 닭고기, 야채, 그리고 맛있는 후식까지 포함한 유월절 식사를 기쁘게 즐겼다. 유월절 만찬의 모든 음식은 이스라엘의 구원 이야기를 상징적으로 상기시켜 준다. 우리는 냉이와 파슬리와 같은 쓴 나물을 먹었는데, 이것은 이스라엘 민족이 애굽에서 종살이할 때 경험했던 고통을 상기시킨다. 이 쓴 나물은 소금물에 담그는데, 이것은 이스라엘 민족의 눈물을 상징한다. 우리는 사과 퓌레(purred) 반죽으로 만든 캐로셋(charoset : 서민 나무 열매나 사과에 포도주·향신료를 섞어 넣은 것)을 먹었는데, 이것은 이스라엘이 바로의 건설공사 프로젝트를 위해 벽돌을 만들던 진흙을 상징한다. 또한 우리가 먹은 달걀은 그리스도인들에게 부활절을 상기시키듯이, 이스라엘이 경험한 새로운 시작, 새 탄생과 새 생명을 상징한다. 또한 누룩 없는 무교병은 이스라엘이 탈출할 때의 긴박감을 상기시키고, 양고기는 유월절에 죽임당한 양을 상징하며, 이스라엘 백성들의 집 문설주에 표시되었던 죽음의 '유월(逾越 : 넘어감)'을 보증하는 피를 상징한다. 마지막으로 우리는 하나님께서 이스라엘을 구속하실 것이라는 약속을 상기시키는 조그만 네 잔의 포도주를 마셨다. (출애굽기 6장 6~7절을 보라)

우리의 유월절 만찬은 저녁 7시경 시작되어 자정쯤 마무리되었다. 이것은 의심의 여지없이 예수와 그의 제자들이 함께 먹었던 유월절 만찬과 비슷했다. 포도주, 무교병, 쓴 나물 등이 그날 그 다락방 식탁 위에도 동일하게 놓여 있었을 것이다. 하지만 예수의 심적 무거움으로 인해 좋은 음식, 깊은 친교, 그리고 하나님의 이스라엘 구원의 이야기의 기쁨이 다소 약화되었을지도 모른다. 제자들은 모르지만, 예수는 이것이 제자들과 함께 하는 마지막 식탁이라는 사실을 아셨기 때문이다.

랍비 캣츠와 함께 한 유월절 만찬은, 그처럼 늦은 시간까지 먹고 마신 많은 음식과 포도주로 인해서, 그날 밤 예수께서 기도하시며 제자들에게 깨어 있으라고 말씀하신 간곡한 부탁에도 불구하고 왜 제자들이 겟세마네 동산에서 잠들 수밖에 없었는지를 이해하는 데도 도움을 주었다.

또한 그 만찬은 최후의 만찬에 대한 복음서의 묘사를 더욱 상세히 살펴보도록 나를 자극하였다. 사도 요한은 예수께서 그날 밤 하신 말씀에 대해 가장 완벽하게 설명하는 상세한 정보를 제공하는데, 흥미롭게도 요한의 기록은 복음서 중에서도 최후의 만찬을 '유월절 예비일(pre-Passover)' 만찬으로 표현했다는 점에서 독특하다. 사도 요한은 예수께서 유월절 양이 희생당하는 바로 그 시간에 십자가에서 고통당했다고 기록하였는데, 이것은 굉장히 강력한 신학적 관점을 제공한다.

복음서들 사이의 이 두 가지 상이한 시간의 흐름을 조화시키기 위한 다양한 노력이 있어 왔는데, 여러분도 그것들을 살펴보길 바란다. 요한복음에는 예수가 제자들에게 "이것을 행하여 나를 기념하라"고 말씀하시는 내용이 없다. 사도 요한은 빵과 포도주를 설명하지 않는다. 대신 사도 요한은 최후의 만찬 식사 시간 동안 예수께서 가르치신 것과 기도하신 내용을 설명하는 데 5장을 할애한다. 요한복음 13~17장에는 성경에서 가장 사랑받는 구절들이 들어 있고, 예수께서 제자들의 발을 씻기심으로 하나님 나라에서는 다른 사람을 섬기는 자가 크다는 것을 몸소 모범으로 보여 주시며 가르치신 내용이 포함되어 있다.(요한복음에 대한 더 깊은 묵상을 위해 이 책과 짝을 이루는

묵상집을 살펴보라)

배신과 회개 : 우리 자신의 준비

본래 유월절은 만찬에 참여하는 자들이 과거 종의 신분에서 지금은 자유롭게 되었다는 것과 적어도 그들이 하나님의 백성으로 하나가 되었다는 것을 기억하는 기쁨으로 가득한 축제와 축하의 시간을 의미한다. 그러나 실제로 최후의 만찬이 그런 분위기로 시작되었더라도, 그날 밤 시간이 지나면서 분위기가 바뀌었을 것이다. 미래에 대한 예수의 예지력이 아니더라도, 그날 밤 다락방에 모인 사람들은 많은 우려를 하였다. 그들은 예수와 종교 지도자들 간의 높아진 긴장감을 인식하고 있었기 때문이다. 모든 사람들은 예수와 자신들에게 어떤 일이 일어날지 궁금했다. 성전에서 일어난 예수의 행동에 대한 어떤 나쁜 영향이 초래할까? 아니면 예수께서 결국 자신이 메시아임을 선포하실까?

잠시 후 예수께서 충격적인 선언으로 그 불확실한 분위기를 깨뜨렸는데, 그 선언은 수세기를 걸쳐 여전히 메아리친다. 예수께서 유월절 만찬 축제 중에 갑작스럽게 "너희 중 하나가 나를 배반할 것이다(막 14:18)"라고 말씀한 것이다.

예수는 그를 배반할 자가 누군지 알았지만 말하지 않았다. "저는 절대로 아니지요?" 제자들은 예수께 물었다(막 14:19). "열둘 중의 하나 곧 나와 함께 그릇에 손을 넣는 자니라(막 14:20)"라고 예수께서 말씀하셨는데, 아마도 예수가 말씀하신 그릇은 제자들 앞에 놓인 캐로셋(charoset)을 의미할 것이다.

예수의 생애 마지막 24시간에 대한 복음서의 나머지 기록은 배신의 이야기로 점철되어 있다. 그날 밤이 지나기 전에 유다가 예수를 배신하고, 베드로가 예수를 부인하고, 나머지 제자들은 예수가 대적자들에게 시험당하고 있을 때, 철저히 그를 홀로 남겨둔 채 버리고 도망한다.

예수의 예언과 예수와 가장 가까웠던 제자들의 이러한 배신 행위는 지금도 우리를 당황스럽게 하며 메아리친다. 지금 우리 시대에도 교회 지도자들이 아동을 학대하고, 교회재정을 유용하거나 혹은 이보다 더한 행위를 할 때, 우리는 그러한 배신이 아주 흔한 일임을 깨닫는다. 어쩌면 예수는 "너희 모두가 나를 배반할 것이다."라고 말씀하셨을지 모른다. 그리고 우리도 이런 관점에서 자신을 돌아보아야 할 것이다.

당신은 언제 유다와 같은 사람이었는가? 언제 베드로나 다른 제자들과 같았는가? 언제 예수를 배반하거나, 부인하거나, 또는 버렸는가? 현실적으로 우리 모두는 때때로 예수를 배반할 것이라는 것이다. 우리 모두가 말이다.

몇 주 전 나는 우리 교회 건물 앞뜰에서 예배 참석자들에게 인사를 하고 있었다. 그리고 한동안 교회에 출석하지 않던 한 부부를 보았다. 나는 그들에게 다가가 "다시 보게 되어 정말 기쁘다"고 말했다. 그러자 남편은 나에게 "제가 하나님을 실망시켜 드리는 일을 해서 한동안 교회에 출석하지 못했습니다. 도저히 스스로 교회에 오기가 힘들었습니다."라고 말했다. 사실 우리 모두는 그 남자처럼 될 수 있다. 우리 모두는 하나님을 실망시키고 그를 배반할 것이다.

우리가 성만찬을 받으면서 최후의 만찬을 기념할 때, 유월절 만찬의 이 부분, 즉 만찬 이후에 이어지는 제자들의 배반, 부인, 버림을 예수님이 미리 아신다는 사실을 기억해야 할 것이다. 나는 바로 이 점이 교회가 전통적으로 성만찬 떡과 포도주를 받기 전에 죄의 고백과 회개를 요청해 왔던 이유라고 짐작한다. 많은 교회의 성만찬 예전 중에는 "(어떤) 생각과 말과 행동을 행함으로, 그리고 행하지 않음으로써" 우리가 하나님께 죄를 범했음을 입으로 고백하는 자백의 순서가 있다.

교회력의 어떤 절기는 절기 전체가 우리가 예수를 배반하고 저버린 행동을 회개하는 데 집중된다. 예를 들어 사순절은 초대교회에서 박해를 피하기 위해 공개적으로 그리스도를 부인했던 이들이 회개하고 회복되어 다시 교회로 받아들여지고, 다시 성만찬을 받도록 허락했던 기간이다.

회개와 회복에 대해 생각하면서 우리가 한 가지 생각해 볼 것이 있는데, 그것은 예수께서는 유다가 배반할 것과 베드로가 부인할 것, 그리고 나머지 제자들 모두가 자신을 버리고 도망칠 것을 알면서도, 여전히 그들 모두의 발을 씻겨 주셨고(요 13:3~5), 또 자신의 몸과 피를 상징하는 떡과 포도주를 그들 모두에게 주셨다는 사실이다. 만찬 이후 제자들이 무엇을 행할지 알고 계심에도 불구하고 예수는 그들에게 "이제부터는 너희를 종이라 하지 아니하리니… 너희를 친구라 하였노니(요 15:15)"라고 말씀하셨다. 예수는 유다를 포함한 제자들 모두에게 그렇게 말씀하셨다. 예수는 그들의 배반, 범죄, 실수 모두를 그냥 넘어가셨고, 그들을 친구라 부르셨다. 예수께서 우리에게도 역시 그렇게 대하실 것임을 아는 것은 큰 위로가 된다.

"이것은 나의 몸이요…"(막 14:12) : 유월절 만찬(Seder)에서 성만찬 (Eucharist)으로

제자들이 배반할 것을 예언적으로 선포하신 후, 예수는 무교병을 취하여 축사하셨다. 하지만 그의 다음 말씀이 제자들을 당황스럽게 했다. 예수는 무교병을 찢어 그 조각을 제자들에게 나눠 주시며 이렇게 말씀하셨다. "받아서 먹으라 이것은 내 몸이니라(마 26:26)" 이 것은 본래 유월절 식사 순서에 정해진 하가다(Haggadah)의 일부분이 아니었다. 이것은 매우 놀랍고 충격적인 가르침이었다. 예수는 규직적으로 유추, 직유, 상징 등을 활용하여 비유로 말씀하셨다. 이번

경우, 예수가 들고 있는 빵은 몇 시간 후면 채찍에 맞아 로마의 십자가에 못 박혀 뚫릴 그의 몸을 의미했다. 자주 그랬듯이, 이번에도 제자들은 예수의 이 비유가 의미하는 바와 앞으로 일어날 일을 이해하지 못했고, 어쨌든 그들은 그 빵을 받아먹었다.

다음으로 예수는 잔을 취하셨는데, 아마도 제자들은 유월절 만찬을 먹으면서 3/4 정도의 포도주를 이미 마셨을 것이다. 그리고 그는 다시 한 번 다음과 같은 말씀으로 제자들을 당황하게 하셨다. "이것은 죄 사함을 얻게 하려고 많은 사람을 위하여 흘리는 바 나의 피 곧 언약의 피니라(마 26:28)" 제자들이 '언약의 피' 라는 표현은 알았을 수 있지만, 이와 같이 포도주 잔을 구속(redemption)에 적용하는 것 역시 원래 유월절 식사의 일부분이 아니었다. 본래 이 표현은 하나님께서 이스라엘과 공식적인 계약관계를 맺을 때, 모세가 소의 피를 취하여 그것을 백성들에게 뿌리면서 "이는… 언약의 피니라"고 말한 출애굽기 24장 8절에 등장하는 표현이다. 아마도 제자들은 예레미야를 통해 하나님께서 다시 말씀하셨던 것을 기억했을 것이다.

여호와의 말씀이니라 보라 날이 이르리니 내가 이스라엘 집과 유다 집에 새 언약을 맺으리라 이 언약은 내가 그들의 조상들의 손을 잡고 애굽 땅에서 인도하여 내던 날에 맺은 것과 같지 아니할 것이 내가 그들의 남편이 되었어도 그들이 내 언약을 깨뜨렸음이라 여호와의 말씀이니라 그러나 그 날 후에 내가 이스라엘 집과 맺을 언약은 이러하니 곧 내가 나의 법을 그들의 속에 두며 그들의 마음에 기록하여 나는 그들의 하나님이 되고 그들은 내 백성이 될 것이라 여호와의 말씀이니라 그들이 다시는 각기 이웃과 형제를 가르쳐 이르기를 너는 여호와를 알라 하지 아니하리니 이는 작은 자로부터 큰 자까지 다 나를 알기 때문이라 내가 그들의 악행을 사하고 다시는 그 죄를 기억하지 아니하리라 여호와의 말씀이니라(렘 31:31~34)

하나님은 예레미야를 통해 아내가 남편에게 속하듯이 이스라엘은 하나님께 속했다고 말씀하셨다. 하지만 이스라엘은 수없이 하나님을 속이고 배반했다. 그래서 하나님은 "나는 너희와 새로운 언약 관계를 맺어야 할 것이다."라고 말씀하셨다. 당연히 예수는 포도주 잔을 취하시며 이러한 하나님의 말씀을 심중에 떠올렸을 것이다. 물론 이것은 단지 히브리 백성만의 이야기가 아니라, 하나님과의 언약을 깨뜨리고 배반하여 용서가 필요한 우리 모두의 이야기가 되었다.

예수께서 "이것은 죄 사함을 얻게 하려고 많은 사람을 위하여 흘리는 바 나의 피 곧 언약의 피니라(마 26:28)"고 말씀하셨을 때 그는 모든 것을 바꿔 버렸다. 예수는 모든 사람에게 성찬을 나눠 줌으로써 유월절 만찬을 성만찬으로 승화시키셨다. 이스라엘은 동물의 피로 언약의 백성이 되었지만, 최후의 만찬은 예수의 피로 세워진 새로운 언약이며, 이것은 이스라엘 민족뿐 아니라 모든 인간과 맺은 언약이다. 이전에 유월절 만찬이 이스라엘을 종에서 해방시킨 하나님의 구원 역사에 대한 이야기라면, 새롭게 제정된 성만찬은 이제부터 모든 인간을 죄와 사망에서 해방시키시는 하나님의 구원 역사에 대한 이야기다. 바로 그 순간 하나님은 모든 인류에게 새로운 생명과 새로운 출발을 주셨고, 예수를 따르기로 선택한 사람들을 당신의 백성과 신부로 삼으셨다. 이 최후의 만찬과 그의 죽음과 부활 안에서, 예수는 모든 사람을 하나님의 언약 백성으로 초대하신 것이다.

예수의 생애 마지막 24시간은 사람들을 지극히 사랑하여 자신의 아들을 보내고 목숨을 버리게 하심으로써 인류를 죽음에서 구원하시는 언약에 대해 인침과 보증을 하신 하나님의 구원 역사의 이야기다. 하나님은 성령을 통해 당신의 계명을 그들의 마음속에 새기시고, 그들의 불완전함을 용서하시고 그들의 죄를 더 이상 기억치 않으실 것이다.

바울은 고린도교회로 보내는 첫 번째 편지에서 예수께서 "이것을 행하여 마실 때마다 나를 기념하라(고전 11:25)"고 말씀하신 것을 상기시킨다. 유월절 만찬이 히브리 성경에 나타난 하나님의 거대한 구원 역사를 기념하도록 했던 것처럼, 최후의 만찬은 예수를 통해 제정된 새로운 언약을 기념하도록 반복되어야 한다. 이 만찬, 이 새로운 유월절, 즉 성만찬은 하나님의 사랑과 은혜, 그리고 그의 아들의 희생을 영원히 기억하게 할 것이다. 이 성만찬을 통해 우리는 크리스천으로서 우리의 이야기를 기억할 것이다. 그리고 우리의 삶이 새롭게 될 것이다.

성만찬을 유월절 만찬과 유사한 관점에서 이해한다면, 우리는 이 오래된 유대인들의 종교예식 식사에 대한 그들의 관점을 보다 깊게 이해하게 될 것이다. 그리고 유대인들에게 유월절 만찬이 어떤 의미이고, 또 그것이 그들의 삶에 어떤 영향을 미치는지를 아는 것은 예수께서 최후의 유월절 만찬을 어떻게 바라보셨는지, 그가 의도했던 성만찬이 우리의 삶에 미치는 효과에 대한 이해를 도와줄 것이다.

랍비 캣츠는 "'유월절 만찬'은 출애굽기서에 기록된 대로 우리가 종이었을 때에 어떻게 하나님께 부르짖었는지, 그리고 그 소리를 들으신 하나님께서 어떻게 우리를 애굽에서 구원하셨는지를 기억하는 시간이다."라고 말한다. 또한 캣츠는 "이는 우리가 어떻게 하나의 민족으로 탄생했는지를 보여 주는 위대한 이야기다. 유월절 만찬의 목적은 식탁에 앉은 모든 사람들이 할 수 있는 모든 방법으로 이 위대한 이야기에 접근하도록 하는 것이다. 그들은 반드시 이 이야기를 들어야 한다. 이는 우리에게 가장 중요한 이야기이기 때문이다."라고 한다.

랍비 캣츠는 유월절 만찬의 약속은 전통적으로 그날 저녁에 부르는 찬양의 가사를 통해 되새겨진다고 말한다. 그 가사의 출처는 미슈나(Mishnah)로, 모든 세대와 모든 사람들은 마치 그들이 애굽의 종이었던 것처럼 자신을 여겨야 한다는 내용을 담았다. 또 그녀는 다음과 같이 부연 설명한다. "당신은 종이다. 그러나 그날 밤 마지막에 가서 자유인이 된다."

성만찬은 어떤 면에서 기독교인들이 자신의 종 되었던 것과 구원받은 것을 상기하도록 구성되어 있는지 스스로 생각해 보기 바란다.

우리를 규정해 주는 만찬

유월절 만찬이 성만찬으로 승화되면서, 나는 예수께서 이 만찬을 통해 우리가 누구인지, 즉 정체성을 정의내리기 원하셨다고 생각한다. 우리는 성만찬을 통해 우리의 자유를 위해 인간의 육체를 입고 오신 하나님이 고통당하고 죽으심으로써 대가를 지불하시고 우리를 구원하였음을 기억한다. 이것이 우리가 기억하는 이야기다. 이는 예수 그리스도의 제자가 되고자 한다면 반드시 알아야 할 위대한 이야기다. 예수의 죽으심이 우리 각자를 위한 것임을 깨달으며 그의 고통과 십자가를 통해 자신을 바라봐야 한다. 성만찬의 떡과 포도주를 받을 때마다 우리는 이것을 기억하고, 이는 우리를 새롭게 창조한다. 성만찬은 우리가 어디서 왔는지를 상기시켜 주고, 더불어 우리가 누구인지 그리고 어떤 존재가 될 것인가를 정의해 준다. 성만찬은 그리스도인으로서 우리의 탄생을 기억하게 한다. 우리는 과거에 죄와 사망의 종이 되어 자신을 위해 살았던 것을 기억하며 성만찬으로 나아간다. 그러나 성만찬을 마칠 때쯤 자유인으로서 우리의 구세주를 알고, 그를 따르기로 선택하며, 그의 은혜와 자비로 나아간다. 성만찬은 기쁨으로 가득한 축제의 사건이다. 그것이 우리의 구원을 나타내기 때문이다. 성만찬을 감사를 의미하는 그리스어 '유카리스트(Eucharist)'라고 부르는데, 이는 기쁜 소식으로 가득한 중대하고 거룩한 만찬이다. 바로 이것이 성만찬이 우리에게 주는 의미다.

어떤 기억이 당신을 정의하는가? 머릿속에 계속 떠오르는 어떤 사건이나 말이 있는가? 혹시 그것이 어릴 적 겪은 어떤 학대받은 고통인가? 또는 부모, 선생님, 친구에게 들은 어떤 말인가? 혹시 마음 깊은 곳까지 상처를 준 어떤 모욕이나 무시인가? 아직도 잊지 못하는 어떤 마음의 상처인가? 통제하지 못하는 어떤 습관, 활동, 또는 중독인가?

그런 것들이 당신이 누구인가를 정의하면 안 된다. 그것보다 훨씬 큰 이야기가 당신의 정체성을 정의해야 한다. 유대인에게 그런 큰 이야기는 바로 매년마다 새롭게 찾아오는 유월절의 기억이다. 그 기억을 한마디로 요약하면 "당신은 한때 종이었으나 지금은 자유인이다."이다. 그리스도인으로서 당신과 나, 우리를 정의하는 이야기는 성만찬에 함께 따라오는 다음과 같은 이야기다. "주 예수께서 잡히시던 밤에 떡을 가지사 축사하시고 떼어 이르시되 '이것은 너희를 위하는 내 몸이니 이것을 행하여 나를 기념하라' 하시고 식후에 또한 그와 같이 잔을 가지시고 이르시되 '이 잔은 내 피로 세운 새 언약이니 이것을 행하여 마실 때마다 나를 기념하라' 하셨으니 너희가 이 떡을 먹으며 이 잔을 마실 때마다 주의 죽으심을 그가 오실 때까지 전하는 것이니라"(고전 11:23~26)

신약성서 외에 가장 오래된 기독교 설교집 중의 글에서 사디스의 멜리토(Melito of Sardis) 감독이 말하기를, 유월절 축제는 모세를 통한 이스라엘 하나님의 구원 역사를 상기시킬 뿐만 아니라, 그때로부터 1,200여 년이 지난 후 예수 그리스도 안에서 온 세상을 위해 행하신 것을 가르친다고 했다[1]. 동일한 방식으로, 우리는 성만찬이 하나님께서 우리를 구원하기 위해서 행하신 것을 상기시키도록 십자가로 다시 이끌 뿐만 아니라, 장차 하나님 나라에서 이 성만찬을 다시 먹는 날을 미리 보여 준다고 생각한다. 바울 역시 우리는 그리스도께서 다시 오실 때까지 그의 죽으심을 선포하기 위해 이 성만찬에 참여해야 한다고 말하면서 동일한 사상을 표현하였다.(고전 11:26)

최후의 만찬에 관해 한 가지 더 기억할 것이 있다. 예수가 죽음에 가까이 이를 때, 친구들과 함께 있는 것에서 위로를 얻었다. 누가복음에서 예수가 그의 제자들에게 "너희와 함께 이 유월절 먹기를 원하고 원하였노라(눅 22:15)"고 말하는 것을 읽을 수 있다. 요한복음에서 예수는 제자들에게 사랑한다고 말했고, 그들을 종이나 제자라 부르지 않고 친구라 불렀다(요 15:15). 잡혀 시험받고 십자가에 못 박히기 몇 시간 전, 예수는 그와 함께 기도하고 예배드리고 삶을 함께 나누었던 친밀한 동료들과 함께 있었다. 예수는 자신이 곧 죽을 것을 알면서 기도하러 갈 때, 가장 가까운 친구들에게 함께 기도할 것을 요청했다.

　예수의 가장 가까운 제자들은 결코 완벽하지 않았음을 기억하라. 그들은 예수를 실망시켰고, 또 다시 실망시킬 수 있는 사람들이었다. 심지어 그 중의 한 명은 예수를 배반할 자였다. 하지만 여전히 그들은 예수의 가장 좋은 친구들이었다. 그리고 그들은 예수가 가장 어두운 시간에 이를 때에도 그와 함께 있었다.

　초대교회 그리스도인들은 예배를 위해서 성전 뜰에 모였고, 예수가 그의 작은 그룹과 함께 만났던 것처럼 서로의 집에서 소그룹으로 모였다. 많은 현대 교회는 소그룹을 강조한다. 우리는 각자 예수처럼 인생의 여정에 함께하며 믿음을 도전하고, 돕고, 후원할 가까운 친구들이 필요하기 때문이다.

　만일 당신의 수명이 오직 하루 남았고 최후의 만찬을 하게 된다면, 누가 당신의 식탁 주변에 앉을 것 같은가? 당연히 당신의 가족들이 함께할 것이다. 나의 경우 라본과 딸들이 함께할 것이고, 가능하다면 부모님도 함께할 것이다. 그리고 나의 소그룹 멤버들이 함께할 것이다. 그들은 내가 함께 기도하고 성경 연구를 하기 위해 매주 만나는 사람들이다. 수년 동안 그들은 계속하여 나를 격려하고 축복했다. 우리는 어려운 기간을 보내는 동안 서로 함께 기도했다. 삶을 함께 나누었고, 결국 이들은 나와 가장 가까운 동료들이 되었다.

혹시 당신도 이처럼 힘든 시간 동안 함께 기도하고, 서로 믿음에 대해 이야기하고, 또한 서로 죄를 자백하며, 서로 예수에게로 이끌 수 있는 영적인 친구들이 있는지 궁금하다.

예수는 그런 친구들이 필요했고, 당신도 그런 친구들이 필요하다. 우리 교회 성도들 중 저녁에 모이는 남성소그룹에서 그러한 친구를 찾았던 한 성도가 기억난다. 그는 2년 반 정도 건강이 호전하였지만, 재발하고 말았다. 더 이상 소그룹에 참여할 수 없게 되자, 그의 마지막 생애 1년 6개월 동안 소그룹원들은 그를 데리고 다녔다. 그들은 그의 생애 마지막까지 기도하고, 격려하고, 축복하고, 사랑하였다. 그리고 장례식에도 그와 함께 삶을 나눴던 형제들 모두가 참석하였다.

우리 교회 어떤 성도가 난소암 3기 진단을 받았을 때, 그 성도의 소그룹은 그녀를 위해 기도하고 격려하기 시작했다. 항암치료 기간 동안 그녀의 머리가 빠지기 시작하자, 어느 날 밤 소그룹 멤버 중 한 남자가 완전히 삭발을 한 채 나타났다. 그리고 그는 그녀에게 "당신 머리카락이 다시 날 때까지 나는 계속 이렇게 삭발로 지낼 것입니다."라고 말하였다. 이것은 그 성도가 "내가 그리스도 안에서 당신의 형제이기 때문에 우리는 이 어려움을 함께 걸어갈 것입니다."라는 표현이었다. 그녀의 머리카락이 다시 자라게 되었을 때, 그 두 사람은 함께 축하했다.

　이러한 친구 관계는 그냥 갑자기 생겨나지 않는다. 당신이 그러한 관계를 만들어야 한다. 아마 당신이 섬기는 교회도 소그룹 사역을 할 것이다. 없다면 당신이 아는 사람들, 이웃들, 또는 친구들을 초대해서 그러한 소그룹을 시작하라. 매주 기도와 성경연구, 그리고 상호 격려하기 위해 모여라. 예수는 이런 소그룹이 필요하셨다. 예수도 그러하셨는데, 우리는 이런 소그룹이 얼마나 더 많이 필요할까.

　최후의 만찬 때에 예수는 서로 잘 맞지도 않고 어수선하기만 했던 그의 제자들과 함께 앉으셨다. 그들은 어부, 로마의 앞잡이였던 세리, 로마인들을 죽이고자 하는 열심당원, 성급하고 수줍은 성격이 한데 뒤섞인 사람들이었고, 대부분은(1세기 사람들 대부분이 그러했듯이) 글을 읽을 줄도 쓸 줄도 몰랐다. 그 중 한 명은 예수를 배신할 자였고, 또 한 명은 예수를 부인할 자였고, 모두 예수를 버릴 자들이었다. 하지만 그들은 여전히 예수의 친구였다. 예수는 마지막으로 그들과 함께 떡을 떼시면서 가르치시고, 그의 사랑을 보이셨다. 요한복음에는 그가 제자들의 발을 씻기셨다고 기록하고 있다. 예수는 제자들이 남은 생애 동안 그를 기억할 만찬을 베푸셨다. 그리고 그때 이후로 지금까지 예수의 제자들이 이 만찬의 떡과 포도주를 나눌 때마다 이것은 그들을 예수의 추종자로 함께 묶어 주었고, 예수께서 결코 그들로부터 멀리 계시지 않음을 상기시켜 주었다.

* 이것은 마가복음에만 기록된 사실이다(막 11:11). 마태복음과 누가복음에는 "예수께서 곧바로 성전에 들어가서 돈 바꾸는 자들의 상을 엎기 시작하였다." 라고 하였다.

겟세마네 동산

2
겟세마네 동산

그들이 겟세마네라 하는 곳에 이르매(막 14:32a)

목요일밤 기드론 시내를 건너서

목요일 밤 11시경, 예수와 제자들은 한 곡의 찬송을 부르며 유월절 만찬을 마쳤는데, 우리는 당시 이들이 부른 찬송의 가사를 알고 있다. 이 찬송은 예수께서 유월절 떡을 축사하며 하신 기도처럼 유월절 만찬의 한 부분이기 때문이다. 이 찬송을 '할렐(Hallel)'이라고 부르는데(이것은 우리가 사용하는 '할렐루야[hallelujah]'의 어원이기도 하다), 그 뜻은 찬양(praise)이라는 의미로, 시편 113~118편의 내용 중에서 선별한 구절들로 구성되어 있다. 사실 나흘 전 군중이 예수를 환영하며 "주의 이름으로 오시는 이여"(마태복음 21장 9절, 시편 118편 26절을 보라)라고 외칠 때 사용한 것도 바로 이 '할렐'이었다. 또한 예수께서 그의 생애 마지막 주간에 설교했던 "건축자들이 버린 돌이 모퉁이의 머릿돌이 되었다"(마태복음 21장 42절, 시편 118편 22절을 보라)는 내용도 '할렐'이었다.

나는 예수께서 겟세마네 동산으로 걸어가기 전, 제자들과 함께 이 오래된 찬송시를 부르면서 아래 시편 구절들에서 어떤 특별한 위로를 얻으셨을지 궁금할 따름이다.

> 내가 고통 중에 여호와께 부르짖었더니
> 여호와께서 응답하시고 나를 넓은 곳에 세우셨도다
> 여호와는 내 편이시라 내가 두려워하지 아니하리니
> 사람이 내게 어찌할까?…
> 내가 죽지 않고 살아서 여호와께서 하시는 일을 선포하리로다…
> 너는 나를 밀쳐 넘어뜨리려 하였으나 여호와께서는 나를 도우셨도다
> 여호와는 나의 능력과 찬송이시요 또 나의 구원이 되셨도다
> (시 118:5-6, 17, 13-14)

나는 예수께서 겟세마네 동산에서 기도하실 때 이 시편 구절들이 계속해서 예수의 마음속에 메아리쳤을 것이라고 짐작한다. 예수는 공생애 기간 동안 규칙적으로 시편을 자주 인용하셨다. 그는 시편을 인용하여 가르쳤고, 최후의 만찬에서도 시편 가사를 노래했다. 십자가에 달리셨을 때에도 그가 인용한 기도는 시편 내용이었다. 이처럼 시편은 예수의 영적인 삶에 중요한 부분이었던 것이 분명하다. 따라서 예수를 영적인 차원에서 배우고자 한다면, 우리는 반드시 시편과 친숙해져야 할 것이다. 예수와 마찬가지로 우리도 시편

구절들로부터 위로를 얻게 될 것이다. 복음서는 예수께서 시편 전체 모두를 인용했다고 보여 주지는 않는다. 오히려 그는 시편 내용 중에서 고상하지 못하거나 심지어 복수심을 표현하는 구절들보다는 아름답고 고상한 구절들을 선별하여 사용하셨다.

시편은 성경의 마음과 영혼을 보여 준다. 그리고 예수가 그의 생애 마지막 24시간 동안 시편을 사용했다는 것은 우리 또한 시편과 친숙해질 필요가 있음을 보여 준다. 예수가 마지막 고통의 밤에 시편을 노래할 때 그 구절들이 그에게 어떤 의미였을지 상상하면서 시편 118편 전체를 읽는 것이 우리에게 좋은 출발점이 될 것이다.

"너희가 다 나를 버릴 것이다" (막 14:27a)

다락방을 나선 예수는 제자들을 이끌고 기드론 골짜기를 따라 동쪽으로 가다가 북쪽으로 갔다. 그들의 오른쪽 방면에는 제사장들, 선지자들, 평민들의 무덤이 예루살렘을 바라보며 놓여 있었다.

기드론 골짜기는 여호사밧의 골짜기라고도 불리는데, 요엘 3장 12절에는 이곳이 최후 심판의 장소가 될 것이라 말하고 있다.

> 민족들은 일어나서 여호사밧 골짜기로 올라올지어다
> 내가 거기에 앉아서 사면의 민족들을 다 심판하리로다 (욜 3:12)

기드론 골짜기는 언젠가 지구상 모든 민족이 모여, 이 끔찍한 밤에 제자들과 함께 어두운 길을 걷고 있는 바로 이분(예수)께 심판받게 될 장소를 나타낸다. 당연히 예수도 이 사실을 잊지는 않았을 것이다.

최후의 만찬 때에 예수는 그의 제자 중 하나가 자신을 배반할 것임을 예언하였다. 지금 예수는 제자들과 함께 걷고 있는데, 그는 제자들 모두가 자신을 버릴 것임을 예언하였다. 이러한 예언은 그날 밤 예수가 경험한 슬픔의 한 부분을 나타낸다. 예수는 유다가 이미 자신을 은 삼십에 팔았고, 곧 입맞춤의 인사로 자신을 배신할 것을 알고 있었다. 또 제자들 모두가 자신의 목숨을 구하기 위해서 그를 버리고 달아날 것을 알고 있었다. 또한 베드로가 그렇게 하지 않겠다고 주장했지만, 결국은 심지어 예수를 알지도 못한다고 부인할 것을 알고 있다. 가장 가까운 친구들에게 배신과 버려짐, 그리고 모른다고 부인당하는 경험은 누구에게나 큰 슬픔을 안겨 준다. 특별히 이것이 예수에게는 두 배의 슬픔이었다. 제자들은 3년 동안 예수와 함께 지내며, 그분이 행하는 기적과 가르침을 직접 목격한 가장 가까운 동료들이었기 때문이다. 나는 복음서 저자들이 제자들에 관한 이런 실망스러운 이야기를 복음서에 포함시킨 것을 감사하게 생각한다. 제자들이 이렇게 실패했던 사실은 내가 주를 부인하고, 버리고, 배반했을 때에도 여전히 은혜가 남아 있다는 것을 신뢰하는

데 도움을 준다.

제자들의 실패 이야기에서 얻는 위로는 단지 예수의 가장 가까운 제자들마저 실패했다는 사실 때문이 아니라, 예수께서 그런 일이 일어날 것을 미리 알고 계셨다는 데 있다. 제자들이 실패할 것임을 예언하신 후, 예수는 그들의 배반 이후를 바라보면서 이렇게 말씀하셨다. "내가 다시 살아난 후에 너희보다 먼저 갈릴리로 갈 것이다(막 14:28)." 예수는 제자들의 실패를 예견했지만, 그들의 회복도 미리 말씀하셨고, 제자들이 예수를 버렸음에도 불구하고 예수는 그들을 다시 받아들였다. 예수가 제자들에게 이렇게 하신 것과 마찬가지로, 그분은 나와 당신을 위해서도 이렇게 하실 것이다.

겟세마네 동산

감람산 아래쪽에서 기드론 골짜기를 바라보면 겟세마네 동산이라고 부르는 작은 올리브 숲이 있다. 이 동산은 오늘날 황금문 또는 미문(美門 : 오스만제국의 술탄 술레이만 1세가 1541년 성문을 봉쇄함)으로 알려진 성전의 동쪽 문을 정면으로 바라보고 있다. 에스겔 44장에는 언젠가 이 문을 통해 한 '왕'이 성전 뜰로 들어갈 것이라고 기록되어 있는데, 어쩌면 바로 이 예언 때문에 예수가 이곳으로 기도하러 오셨는지 모르겠다.

오늘날 겟세마네 동산에는 아주 오래된 나무들이 몇 그루 서 있는

데, 어떤 이들은 이 나무들이 예수 당시 때부터 있던 것이라고 주장한다. 하지만 성지에 있는 많은 것들과 마찬가지로, 다른 사람들은 이런 주장에 반대한다. 어쨌든 이 나무들은 이곳에 수백 년간 서 있으면서 성지순례자들에게 예수가 이곳에서 기도하던 밤을 상기시켜 주었다.

열방 교회(the Church of All Nations)는 한때 겟세마네 동산에서의 예수의 고난과 최후의 심판 장소를 기념하기 위해 세워졌던 교회 터 위에 세워진 교회다. 이 교회는 요엘서와 요엘 선지자가 말한 열방이 모이는 경이로운 사건을 참조하여 지어진 이름이다. 이 교회에 들어서면 예수와 그의 제자들이 이 동산에 기도하러 왔던 밤을 상상하게 될 것이다. 교회는 어둡고 천장에 별들이 그려져 있다. 그리고 제단 옆에는 철재 울타리로 둘러싸인 큼직한 바위가 있다. 전승에 따르면 바로 이곳이 예수께서 체포되기를 기다리며 기도하던 장소라고 한다. 오늘날 순례자들은 그 바위 주변에서 무릎 꿇고 기도하거나 바위를 만져볼 수도 있는데, 이는 순례자들을 예수 당시의 첫째 성목요일(Maundy Thursday)의 뭉클한 경험으로 이끈다.

오래된 나무들과 열방교회의 북쪽에는 어린 올리브나무숲이 있다. 사람들이 좀처럼 들르지 않는 곳이지만, 아마도 이곳에 가면 예수와 제자들이 기도하러 왔을 때의 동산 모습이 어떠했는지 좀더 잘 이해하게 될 것 같다. 이 숲 어딘가에 올리브유를 짜는 틀이 있었을 것이다. 바로 이것이 '겟세마네' 라는 말의 뜻이기 때문이다.

복음서 저자들 중 오직 사도 요한만이 예수께서 기도하신 장소가 '동산(garden)'이라고 말한다(요 18:1). 또한 요한만이 예수께서 묻히신 곳이 동산이라는 것(요 19:41)과 막달라 마리아가 부활하신 그리스도를 처음 만났을 때 그를 정원사로 생각했다고 말한다(요 20:15). 그런데 아마도 이것은 요한이 겟세마네 동산에서 예수께서 행하셨던 일과 성경 첫 부분에 나오는 또 다른 동산에서 발생했던 사건을 서로 연결지어 보게 할 의도였던 것 같다. 하나님은 에덴동산을 만드신 정원사이시다. 그리고 바로 그 정원에서 아담과 하와가 하나님께 불순종했고, 낙원을 잃어버렸다. 사도 요한은 예수는 아담과 다르게 하나님께 충성하셨음을 우리가 깨닫기를 원하였다. 또한 우리가 잠시 후 예수께서 행하시는 일이 바로 아담과 하와로 인한 '타락(fall)'의 결과를 회복하는 것임을 보기 원하였다. 그리고 바울도 사실 예수를 '마지막 아담' 이라고 말하기도 한다.(고전 15:45)

'내가 기도할 동안에 너희는 여기 앉아 있으라"(막 14:32) : 예수의 괴로움

사도 요한은 유다가 그날 밤 예수를 어디서 찾을지를 알고 있었다고 말한다. "그곳은 가끔 예수께서 제자들과 모이시는 곳(요 18:2)"이었기 때문이다. 누가는 예수께서 "습관을 따라(눅 22:39)" 감람산에 기도하러 갔다고 기록하고 있다. 우리는 왜 예수께서 자주 이곳으로 기도하러 가셨는지 궁금할 수 있다. 그 숲이 아름다웠기 때문일까? 이쪽 끝에서 성전산을 잘 볼 수 있었기 때문일까? 다윗이 아들 압살롬과 그의 모사 아히도벨에게 배신당한 후 울면서 이 지역 근처의 감람산을 올랐기 때문일까? 아니면 메시아에 관한 스가랴 선지자의 예언과 연결짓기 위한 방법이었을까. "그 날에 그의 발이 예루살렘 앞 곧 동쪽 감람 산에 서실 것이요(슥 14:4)" 또는 단순히 이곳이 예수께서 하나님과 친밀감을 느끼게 하는 평화롭고 조용한 장소였기 때문일까? 아마 이 모두가 가능한 이유가 될 수 있을 것이다. 하지만 한 가지 우리가 분명하게 아는 것은 예수께서 이 장소에 규칙적으로 기도하러 오셨고, 그가 가장 괴로운 순간에 이곳을 다시 찾았다는 것이다.

제자들과 함께 겟세마네로 들어가신 예수는 제자들에게 깨어 기도하라고 부탁하였다. 그런 다음 베드로, 야고보, 요한을 데리고 조금 더 동산 안쪽으로 들어가셨다. 예수께서는 따로 이들 세 명의 가장 가까운 제자들과 함께 있기 전까지 자신의 괴로움을 말하거나 보이지 않으셨다. 예수는 다른 사람에게 강하게 보이고 또 그의 심적 고통을 눈치채지 못하게 할 필요가 있었던 것 같다. 그러나 동시에 예수께서도 자신의 괴로움을 누군가와 나눠야 할 필요를 느끼셨는데, 아마도 이 세 사람이 자신의 고통을 이해할 것이라고 느꼈던 것 같다.

  우리 대부분은 다른 사람 앞에서 강한 척 하는 것이 얼마나 어려운가를 잘 알고 있다. 하지만 한편으로는 뭔가 두려워하고 분노하고 슬퍼할 때 그런 모습이 드러나는 것은 주저한다. 그러나 우리 모두는 그러한 감정을 나눌 수 있는 가까운 친구들이 필요하다. 우리도 베드로, 야고보, 요한이 필요하다. 슬픔의 시간을 겪고 있을 때, 종종 친구들의 어떤 말도 필요하지 않을 때가 있다. 예수는 베드로, 야고보, 요한에게 어떤 충고나 격려의 말도 부탁하지 않았다. 우리와 마찬가지로 예수는 단지 그 세 명의 사람이 거기 함께 있다는 것을 알기 원하셨다.

  마침내 예수는 자신의 감정을 드러내기 시작하였다. 마태는 예수가 "고민하고 슬퍼하셨다(마 26:37)"고 말한다. 예수는 그들에게 "내 마음이 매우 고민하여 죽게 되었으니 너희는 여기 머물러 나와 함께 깨어 있으라(마 26:38)"고 말씀하셨다. 그리고 조금 더 나아가 기도하기 위해 "얼굴을 땅에 대고 엎드렸다(마 26:39)." 잠시 후 예수는 친구들에게로 다시 돌아왔다. 예수가 그들과 대화하고 싶으셨던 것일까? 아니면 단지 그들이 자신과 함께 있는지 알고 싶으셨을까? 우리는 모른다. 다만 예수께서 그들이 잠자고 있는 모습을 발견하셨고, 이로 인해 실망했다는 것만 알 뿐이다. 예수는 베드로에게 "너희가 나와 함께 한 시간도 이렇게 깨어 있을 수 없더냐(마 26:40)"고

물으셨다. 그리고 바로 이런 상황에서 경고라기보다는 은혜의 표현이라고 볼 수 있는 유명한 말씀을 다음과 같이 하신다. "마음에는 원이로되 육신이 약하도다(마 26:41)" 여기서 나는 다시 한 번 나 자신과 제자들 간의 동질감을 발견한다. 예수께서 우리가 깨어 기도하기 원하실 때, 우리 또한 제자들처럼 잠들어 있는 모습으로 있을 때가 얼마나 많은가? 결국 이것은 예수께서 고통의 잔을 혼자 마실 것이라는 느낌을 더해 준다.

여기 등장하는 괴로워하고 하나님께 탄원하는 예수의 모습이 많은 그리스도인들을 불편하게 하기도 한다. 어떤 이들에게는 고통의 잔을 지나가게 해 달라고 하나님께 탄원하는 예수의 모습과 십자가형에 대한 눈에 띄는 불안함 때문에 예수가 고상함과 용기가 부족한 것처럼 보일 것이다. 또 어떤 이들에게는 예수의 이런 모습이 믿음의 부족으로 비치기도 한다. 아마 그들은 예수께서 그의 고통과 죽음을 두려움과 놀람 없이 맞기를 바랄 것이다. 흥미롭게도 누가는 이 부분을 절반 정도만 다루었는데, 아마도 예수의 괴로워하는 모습을 최소화하고자 했던 것 같다(물론 후기 편집자들이 예수께서 땀방울을 떨어지는 핏방울처럼 흘리셨다는 상세한 표현을 누가복음에 추가하기는 했지만 말이다[눅 22:44]). 요한복음은 예수의 고뇌하는 모습을 아예 포함시키지도 않았다.

어떤 그리스도인들은 예수의 고뇌와 슬픔, 십자가상에서의 '버려

짐의 울부짖음'("나의 하나님, 나의 하나님 어찌하여 나를 버리셨나이까[막 15:34]")은 하나님의 계획에 대한 예수의 신뢰 부족이나 고통과 죽음을 피하기 위한 바람의 결과가 아니라고 주장한다. 대신에 그들은 예수가 겟세마네에서 기도하시고, 십자가 위에서 시편 22편 1절을 암송하신 것은 대속의 교리를 보여 주는 것으로 본다. 그들은 예수가 십자가에 달렸을 때, 하나님께서 세상의 모든 죄를 그에게 전가시켰다고 설명한다. 그리고 그 순간 하나님은 예수에게서 얼굴을 돌렸고, 그것은 성부 하나님과 성자 사이에 처음 있는 분리 상태였다는 것이다. 그들 견해에 따르면, 이러한 하나님의 '얼굴을 돌리심'은 어쩔 수 없이 필요했는데, 거룩하신 하나님은 아들이 대신 담당하고 있었던 세상의 죄를 간과할 수 없었기 때문이다. 그리고 바로 이 '얼굴을 돌리심'이 예수로 하여금 십자가에서 하나님께 버림받은 느낌이 들게 하였고("어찌하여 나를 버리시나이까?"), 마찬가지로 이러한 하나님과의 분리에 대한 예수의 예지력이 그를 겟세마네동산에서 그처럼 큰 괴로움에 빠지게 했다는 것이다.

상당히 설득력 있는 설명이다. 그러나 나는 이런 설명이 자칫 십자가에 일어난 일을 오도하고, 하나님의 성품을 훼손시킬 수 있다고 생각한다. 우리가 예수께서 십자가에서 세상의 모든 죄를 지셨다고 말할 때, 하나님께서 예수를 그렇게 하게 하신 것이 결코 아니다. 세상 모든 죄의 형벌을 담당하기 위해 십자가를 지신 것은 우리와 하나님 사이를 화목케 하기 위해서 행하신 예수의 자발적인 선택이었다. 따라서 하나님께서는 이런 예수에게서 얼굴을 돌리실 필요가 없었다. 예수의 십자가는 상상할 수 있는 가장 위대한 희생적 사랑의 행동이고, 또한 하나님 자신의 구원 계획의 일부이기 때문이다. 하나님은 결코 얼굴을 돌리지 않으셨고, 오히려 고통당하는 예수를 사랑과 안타까움으로 바라보셨다. 하나님은 예수의 고통과 죽음, 그리고 그것을 통하여 세상을 하나님께로 이끌고자 하는 예수의 노력을 슬픈 마음을 바라보셨다. 예수가 십자가에 달려 있는 동안 성부 하나님은 예수의 고통에 동참하셨다.

그렇다면 예수는 왜 그렇게 고통스럽고 괴로워했는가? 이제 몇 가지 이유를 살펴볼 텐데, 이것들은 겟세마네의 의미에 대한 관점을 제시한다.

예수는 왜 괴로워했는가

어쩌면 예수는 그가 공생애를 시작하시기 전에 직면했던 십자가를 피하라는 마귀의 유혹과 다시 한 번 씨름을 하느라 그런 괴로움을 겪으셨는지도 모른다. 아마 예수는 다음과 같은 마귀의 속삭임을 듣고 있었는지 모른다. "네가 정말 하나님의 아들인 것이 확실한가? 아니라면 너는 그냥 네 목숨만 헛되게 버리는 것뿐이다." 또는 "하나님께서 정말 당신의 아들이 죽기를 원하실까? 그것은 절대 하나님의 뜻이 아니다. 너는 하나님의 뜻을 잘못 이해했다." 또는 "정말 이 방법밖에는 전혀 없다고 믿는가? 너는 이제 겨우 삼십 삼세다. 아직 해 보고 싶은 수많은 일이 있지 않는가? 지금은 피하라. 그래도 너에게는 충분한 시간이 있다. 아니면 이제라도 간단히 저 군중이 듣기 원하는 말을 해 줘라. 그러면 그들이 너를 풀어 줄 것이다!"

그러한 유혹의 정신적 · 영적 혼란은 매우 컸을 것이다. 예수는 지금 고통으로부터의 자유를 제안받고 있었던 것이다. 십자가를 피하는 결정을 정당화하는 것이 얼마나 쉬운 일이었겠는가? 지금 예수의 마음속에 떠오르는 생각들을 상상할 수 있겠는가? 그가 계속 살았다면 얼마나 더 많은 병자들을 치료할 수 있었겠는가? 그리고 예수의 제자들을 보라. 이처럼 중요한 순간에 잠자고 있지 않는가? 그들은 아직 그의 사역을 이어갈 준비가 안 됐다. 십자가와 함께 모든 것이 끝나 버리면 어떻게 하는가? 지금까지의 모든 노력이 수포로 돌아가지 않겠는가?

예수께서 이 잔을 내게서 옮겨달라는 기도를 세 번 했다는 것이 우연의 일치일까? 아니면 이것이 예수께서 광야에서 받았던 세 가지 유혹을 상기시키기 위함일까(눅 4:1~13)? 우리는 이미 요한이 겟세마네 동산을 아담과 하와가 유혹받아 넘어졌던 에덴동산과 비교하는 암시를 주었음을 살펴보았다. 하지만 예수는 이 겟세마네 동산에서 3년 전 광야에서와 마찬가지로 모든 시험을 이기고 "내 원대로 마시옵고 아버지의 원대로 되기를 원하나이다(눅 22:42)"라고 아버지께 기도하고 있다.

예수의 괴로움에 대한 두 번째 가능성 있는 설명, 또는 적어도 부연적인 설명이 있다. 그것은 유대 지도자들의 잘못으로 인해 장차 임할 예루살렘의 운명에 대한 예수의 예지력 때문이라는 것이다. 예수가 죽으면 대부분의 사람들은 그를 메시아로 보지 않을 것이다. 따라서 그들은 계속해서 또 다른 메시아를 찾을 것이다. 그들은 하나님께서 원수들을 사랑하기를 원하신다는 것을 이해하지 못할 것이다. 그리고 로마제국을 전복시킬 새로운 메시아를 기다릴 것이다.

유대인들은 새로운 메시아를 찾기 위해 오랫동안 기다릴 필요가 없었다. 예수의 죽음과 부활이 있은 지 30년 후, 유대인들은 로마에 항거할 군사적인 메시아를 찾아냈다. 그러나 로마의 반격은 신속하고도 무시무시했다. AD 66~73년 사이에 로마는 백만 명이 넘는 유대인과 그들의 지지자들을 학살했다. 예루살렘은 무너졌고, 성전은 파괴되었다. 예수는 그가 십자가에 달려 죽은 후 유대인들에게 이런 일이 발생할 것을 이미 아셨고, 아마도 이것 또한 그날 밤 예수의 마음을 매우 무겁게 했을 것이다. 예수께서 거룩한 성이 바라다 보이는 겟세마네 동산을 기도처로 선택하신 것을 잊지 말라. 그는 거기서 곧 파괴될 성전을 바라봐야 했다. 이것이 잘 와 닿지 않는다면, 누가복음에서 예수가 유일하게 우셨던 사건이 기록된 곳을 살펴보라. 이 사건은 나흘 전인 종려주일에 발생했다. 예수는 감람산을 내려왔다. 다음은 누가가 그 장면을 기록한 것이다.

> 가까이 오사 성을 보시고 우시며 이르시되 너도 오늘 평화에 관한 일을 알았더라면 좋을 뻔하였거니와 지금 네 눈에 숨겨졌도다 날이 이를지라 네 원수들이 토둔을 쌓고 너를 둘러 사면으로 가두고 또 너와 및 그 가운데 있는 네 자식들을 땅에 메어치며 돌 하나도 돌 위에 남기지 아니하리니 이는 네가 보살핌 받는 날을 알지 못함을 인함이니라 하시니라(눅 19:41~44)

바로 몇 시간 전, 예수께서 성전산에 서서 "돌 하나도 돌 위에 남지 않고 다 무너뜨려지리라(마 24:2)"고 예언한 것과 예루살렘의 파괴를 그처럼 생생하고 상세하게 묘사한 예수의 묵시 내용을 다시 생각해 보라. 겟세마네동산에서 예수는 자기 자신 때문만이 아니라 장차 거룩한 성, 예루살렘에 일어날 일로 인해서 슬퍼하셨다.

나는 예수의 번민과 고뇌에 대한 이 두 가지 설명이 예수가 경험했던 정신적인 고통을 잘 설명해 준다고 생각한다. 그러나 우리는 겟세마네에서 예수가 고뇌했던 명백한 이유를 놓쳐서는 안 된다. 우리는 예수가 인간이 되심을 인정할 수 있는가? 교회는 항상 예수를 '완전한 인간'이 되신 하나님이라고 주장해 오지 않았는가? 사도 바울도 예수 안에서 아들이 그의 신성을 "스스로 비웠다(빌 2:7)"고 말하지 않았는가? 만일 당신이 몇 시간 내에 고문당하고, 공개적으로 모욕당하고, 포악자 중 한 사람으로 간주되고, 인간이 만든 가장 비인간적이고 고통스러운 형벌을 받게 된다면, 어떤 느낌이겠는가? 만일 당신의 죽음으로 인해 당신이 막을 수도 있었던 끔찍하고 참혹한 사건이 발생하게 될 것을 안다면 어떻게 하겠는가? 이제 예수가 겪어야 했던 고뇌가 느껴지는가?

다음 장에서는 이 고난의 잔을 받은 후에 예수를 기다리는 모욕, 고문, 죽음의 성격에 대해 살펴볼 것이다. 예수는 한 인간으로서 매우 슬퍼할 만한 충분한 이유가 있었다.

"나의 원대로 마시옵고 아버지의 원대로"(막 14:36)

우리는 하나님께서 우리가 원치 않는 무엇인가를 행하기 원하신다는 것이 어떤 느낌인지 안다. 그것은 새로운 사역으로 부르심, 건강하지 않는 관계를 정리하는 것, 어떤 단체에 큰 희생적인 헌신을 하는 것일 수 있다. 또한 장·단기 선교 사역일 수도 있고, 안전지대 밖에 있는 사람들을 섬기고 사랑하라는 부르심일 수도 있다.

우리 교우 중 한 사람은 연방교도소에서 기독교 입문과정인 알파코스(Alpha course)를 가르치라는 부르심을 느꼈다. 그러나 그녀가 맨 처음 리븐워스(Leavenworth) 교도소 보안 검색대에 다가서서 죄수들을 만났을 때, 놀라 뒤로 물러서고 싶었다. 또 다른 교우는 다니던 회사를 떠나 온두라스에 있는 선교지로 가라는 하나님의 부르심을 느꼈다. 또 한 교우는 노숙자들을 위한 사역을 시작하라는 강력한 부르심을 느꼈고, 또 다른 교우는 하나님께서 고아원에 있는 아이를 입양하라는 확신을 가졌다.

이들은 각자 하나님의 부르심에 응답하는 과정에서 불안의 순간을 경험한다. 그리고 예수께서 기도했던 것처럼 이들도 간절히 기도한다. "내 뜻대로 마시고, 당신의 뜻대로 되게 하소서." 이런 기도는 하나님에 대한 완전한 신뢰를 요구한다. 또한 하나님 앞에 우리의 소원을 내려놓고, 하나님께서 무엇을 원하시든, 어떤 대가를 치르든 순종할 것을 재확인하는 담대한 기도다.

내가 아침마다 드리는 기도 중에 웨슬리안 전통의 언약 기도(the Covenant Prayer)라는 것이 있다. 그 기도는 이렇게 시작한다. "저는 더 이상 저의 것이 아니라, 당신 것입니다. 저를 당신의 뜻대로 이끄소서…." 다른 말로 하면 "내 뜻대로 마시고, 당신의 뜻대로"이다. 이 단순한 순종과 신뢰의 기도는 당신을 평안으로 이끌어 준다. 이 기도를 통해 예수는 우리가 기도 중에 하나님께 우리의 바람과 소원("이 잔을 내게서 옮기시옵소서[막 14:36b]")을 아뢰는 것은 괜찮으나, 기도의 마지막은 하나님의 뜻에 대한 전적인 신뢰와 순종이어야 함을 가르쳐 주신다.("그러나 나의 원대로 마시옵고 아버지의 원대로 하옵소서[막 14:36c]")

입맞춤으로 배신당하다

이제 새벽 1~3시 사이에 일어난 이 이야기의 마지막 부분을 살펴보자. 드디어 열두 제자 중 한 명인 유다가 종교 지도자들이 예수를 체포해 오라고 보낸 자들과 함께 동산에 도착했다. 이렇게 밤중에 예수를 붙잡기로 한 것은 종교 지도자들이 혹시 있을 수 있는 군중의 저항과 소요를 피하기 위함이었다. 예수는 자기를 체포하러 오고 있다는 사실을 알고 있었다. 심지어 자신의 친구인 유다가 배신할 것도 알고 있었다. 그런 상황에서 유다가 자신 쪽으로 오는 것을 보며 무엇을 느꼈을까?

당시의 부정적 이미지가 너무나 강해서 '유다'라는 이름을 2천 년이 지난 지금에도 '배신자'의 동의어로 여긴다. 왜 유다가 예수를 배신했을까? 이 주제에 관해 많은 책들이 쓰였다. 어떤 이들은 유다가 예수로 하여금 군대를 조직해 자신이 기대했던 혁명을 이끌어 줄 것을 기대하면서, 그를 압박했다고 생각한다. 어떤 이들은 유다가 예수에게 실망했다고 여기고, 또 어떤 이들은 유다는 전적으로 탐심이 많은 자라고 생각한다. 이유야 어떻든, 복음서 저자들은 예수가 잡히고 심문받으시자 유다가 크게 슬퍼했고, 예수가 십자가에 달리신 후에는 스스로 목숨을 끊었다고 기록하고 있다.

유다는 참으로 비극적인 인물이다. 그러나 우리도 예수와 다른 사람에게 유다처럼 행할 때가 있다. 유다 자신도 그날 밤 고뇌 속에서 갈등했을 것이 틀림없다. 그 증거는 그가 배신의 표시로 택한 신호가 입맞춤이기 때문이다.

여기서 사용된 입맞춤에 대한 헬라어 원어는 'philein' 인데, 이 단어는 누군가에 대한 진정한 연민을 의미한다. 유다는 예수를 사랑했지만 그를 배반하려고 했다. 유다는 예수를 사랑했지만 그에 대해 실망했다. 유다는 예수를 사랑했지만 예수로 인해 크게 좌절했다. 유다는 예수를 사랑했지만 결국 그의 친구 예수를 은 삼십에 팔아넘겼다.

어떤 사람들은 결국에는 예수가 유다를 용서했고 하나님의 놀라운 은혜의 표시로 천국에 서 있을 것이라고 주장하지만, 다른 사람들은 동의하지 않는다. 어떻게 생각하는가? 유다가 예수께 자비를 구했다면 예수가 허락했을까?

예수가 붙잡히려 할 때, 베드로가 칼을 빼내어 대제사장의 종의 귀를 쳤다(요한은 그의 이름을 '말고'라고 소개했다[요 18:10].). 의사 출신인 누가는 예수가 그의 귀를 고쳐 주었다고 말하는데(눅 22:51), 나는 이 사실을 좋아한다. 고문과 십자가형을 받기 전날 밤에 예수는 자신을 잡으러 온 자를 치료하기 위해 잠시 멈췄던 것이다. 그리고 난 후 예수는 제자들을 명하여 칼을 치우고 "칼을 가지는 자는 다 칼로 망하느니라(마 26:52b)"고 말했다.

체포된 후 예수는 쇠사슬에 묶였다. 자신들의 선생님이 쇠사슬에 붙잡히자 제자들은 도망쳤다. 마가는 그때 동산에서 잡혀가는 예수를 따라가던 한 청년이 있었다고 말하는데, 어떤 이들은 이 청년이 마가 자신을 암시한다고 믿는다. 그가 도망치려고 할 때 누군가 그를 잡으려고 겉옷을 잡았다. 그런데 그가 얼마나 허겁지겁 도망쳤는지 겉옷을 내버리고 알몸으로 도망갔다(막 14:51~52). 예수는 모든 제자들이 그를 버리고 도망가는 것을 묵묵히 쳐다보았다. 오직 유다만 남았다. 예수는 입맞춤과 함께 배반을 당했고, 친구들에게 버림받았다. 그리고 그의 고통은 이제 시작일 뿐이었다.

의로운 자들에게
정죄당함

3
의로운 자들에게 정죄당함

그들이 예수를 끌고 대제사장에게로 가니 대제사장들과 장로들과 서기관들이 다 모이더라 대제사장들과 온 공회가 예수를 죽이려고 그를 칠 증거를 찾되 얻지 못하니… 대제사장이 다시 물어 이르되 네가 찬송 받을 이의 아들 그리스도냐 예수께서 이르시되 내가 그니라 인자가 권능자의 우편에 앉은 것과 하늘 구름을 타고 오는 것을 너희가 보리라 하시니 대제사장이 자기 옷을 찢으며 이르되 우리가 어찌 더 증인을 요구하리요 그 신성모독 하는 말을 너희가 들었도다 너희는 어떻게 생각하느냐 하니 그들이 다 예수를 사형에 해당한 자로 정죄하고 어떤 사람은 그에게 침을 뱉으며 그의 얼굴을 가리고 주먹으로 치며 이르되 선지자 노릇을 하라 하고 하인들은 손바닥으로 치더라 베드로는 아랫뜰에 있더니 대제사장의 여종 하나가 와서 베드로가 불 쬐고 있는 것을 보고 주목하여 이르되 너도 나사렛 예수와 함께 있었도다 하거늘 베드로가 부인하여 이르되 나는 네가 말하는 것이 무엇인지 알지도 못하고 깨닫지도 못하겠노라 하며 앞뜰로 나갈새 또 부인하더라 조금 후에 곁에 서 있는 사람들이 다시 베드로에게 말하되 너도 갈릴리 사람이니 참으로 그 도당이니라 그러나 베드로가 저주하며 맹세하되 나는 너희가 말하는 이 사람을 알지 못하노라 하니 닭이 곧 두 번째 울더라 이에 베드로가 예수께서 자기에게 하신 말씀 곧 닭이 두 번 울기 전에 네가 세 번 나를 부인하리라 하심이 기억되어 그 일을 생각하고 울었더라(막 14:53, 55, 61~68, 70~72).

목요일 자정 이후 **대제사장의 집**

예수가 서 있던 곳에서 기드론 골짜기를 가로질러 지난 한 주 동안 자신이 가르침을 전하던 성전의 벽을 볼 수 있었다. 종려주일 예수를 극찬하며 열렬히 환영하던 사람들은 유월절 만찬에 취해 잠자고 있었다. 갈릴리 호숫가에서 처음 부름받은 이후 예수와 함께 삶을 나누었던 제자들은 예수가 체포되자 혼란에 빠져 모두 도망쳤다. 그리고 지금 예수는 성전 병사들에게 손과 발이 묶인 채로 성전 벽 쪽으로 다시 돌아왔다.

그들은 옛 제사장들의 무덤을 다시 지나쳤고, 에스겔서에서 언젠가 메시아가 발 디딜 곳이라고 예언된 문을 지나쳤다. 또 그들은 예수께서 마귀에게 천사들이 도와줄 테니 뛰어내려 자신이 메시아임을 증명하라는 유혹을 받았던 성전 꼭대기도 지나쳤다. 그리고 군병들은 그 골짜기 아래로 약 1,000년 전 다윗왕이 지은 다윗성 아랫동네를 따라 시온산으로 예수를 끌고 가기 시작했다. 그들은 성의 아랫동네에서 윗동네를 연결하는 긴 계단을 오르기 시작했다(그 계단의 일부는 지금도 보존되어 있다). 방문자들은 그 길을 걸으며 그날 밤 예수의 고난의 여정을 기억하고 재현해 볼 수 있다. 나도 맨발로 그 바위들을 걸으며 그날 밤을 상상해 본 적이 있다. 마침내 겟세마네 동산에서부터 1마일 정도의 거리를 20분 정도 걸은 후, 병사들은 예수를 대제사장 가야바의 집으로 끌고 갔다. 그러는 동안 베드로와 요한, 두 제자가 불안과 두려움 속에도 용기를 내어 약간 떨어진 거리에서 어둠속에 숨어서 예수를 따라왔다.

가야바에게 심문받는 예수

예수가 붙잡히자 곧바로 산헤드린이라고 불리는 유대 공의회가 대제사장의 집 뜰에서 소집되었다. 오늘날 이 대제사장의 집이 있던 자리에는 성 베드로 갈리칸투(Saint Peter Gallicantu)라 불리는 성당이 서 있는데, 여기서 '갈리칸투'라는 라틴어는 '수탉의 울음소리'라는 의미다. 그 광장 밑에는 차가운 돌무덤 같은 감옥이 있는데, 이곳은 예수께서 산헤드린 공회가 예수의 운명에 대해 논의하는 동안과 해가 뜨고 본디오 빌라도에게 보내지기를 기다리며 갇혀 있던 곳이라고 한다. 아마도 예수께서 그 구덩이 안에서 다음의 시편 88편 1~4절의 기도를 했을 것이라고 상상하는 것은 그리 어려운 일이 아니다.

여호와 내 구원의 하나님이여
내가 주야로 주 앞에서 부르짖었사오니
나의 기도가 주 앞에 이르게 하시며
나의 부르짖음에 주의 귀를 기울여 주소서

무릇 나의 영혼에는 재난이 가득하며
나의 생명은 스올에 가까웠사오니
나는 무덤에 내려가는 자 같이 인정되고 힘없는 용사와 같으며

 산헤드린 공회는 당시 가장 현명하고 경건한 71명의 장로들로 구성되었다. 이 공회의 조직은 하나님께서 모세와 함께 백성들을 치리할 70명의 지도자를 모으라고 모세에게 명령하신 내용이 기록된 민수기 11장 16절에 근거한다. 예수 시대에는 로마제국이 정치적인 사안들을 다스리고, 산헤드린 공회 71명의 장로들은 백성들의 종교적인 사안을 다루었는데 성전과 종교재판을 관할했다. 공회원들은 하나님께 헌신된 이들이었고, 대제사장은 당시 모든 종교 지도자들을 이끄는 지도자였다.
 일반적으로 산헤드린 공회는 유월절과 같은 종교적 축제 기간이 아니라 낮 시간 성전 뜰에서 소집되었다. 공회원들이 밤중에, 무교병 축제기간 중에, 대제사장의 집에서 모였다는 것은 공회의 진행

과정이 비정상적이었다는 사실과 그들이 예수를 급하고 몰래 다루고 싶었음을 보여 준다.

이 장면의 중요성과 비극적인 아이러니를 제대로 이해하기 위해서 잠시 이 장면에서 한 걸음 뒤로 물러설 필요가 있다. 그리스도인들은 예수 안에서 하나님이 육체를 입고 지구상을 걸으셨다고 믿는다. 이런 관점에서 보면 예수는 자기 백성들을 깊이 이해하고자 하는 열망이 매우 강해 아무도 알아보지 못하도록 평범한 옷을 입고 백성들 사이에 거하는 황제와 같다. 우주를 만드신 하나님이 순회 설교자나 교사, 목수, 치유자, 가난한 자의 모습으로 인간의 육체를 입고 지구 위를 걸어다니기로 선택하신 것이다. 예수는 우리 중의 하나처럼 오셨다. 그는 병자를 치료하고, 죄인을 용서하고, 잃어버린 자들에게 연민을 보여 주고, 사람들에게 하나님이 정말로 어떤 분인지를 가르치셨다. 우리는 여기서 한 가지 아이러니한 것을 놓치지 말아야 한다. 우리 중에서 걷고 있던 하나님을 체포한 것은 '죄인들'이 아니라는 것이다. 그를 체포하여 감금하고 심문한 자들은 표면적으로 가장 경건하고 종교적인 사람들이었다. 하나님은 그들을 섬기기 위해 육체를 입고 그들 중에 거했지만, 그들은 하나님을 보지 못했다. 그들은 권력을 사랑하고 권력을 잃을까 너무 두려워한 나머지 하나님을 놓쳤다. 예수를 잘 알아보고 찬양할 것이라고 가장 기대했던 사람들이 오히려 예수를 붙잡아 어두운 데 가두고 그를 재판정으로 끌고 갔다. 그들은 하나님을 신성모독이라고 고소했다. 자신이 메시아라고 말한 예수의 증언이 그들을 분노하게 했다. 그리고 그들은 예수를 사형에 해당하는 죄인이라고 판결했다. 하나님께 신성모독죄를 부과하다니! 그들은 예수에게 침을 뱉고, 눈을 가리고 주먹으로 내리쳤다(막 14:65). "그리스도야 우리에게 선지자 노릇을 하라 너를 친 자가 누구냐"고 조롱했다(마 26:68). 그리고 그들은 병사들에게 예수를 때리도록 넘겨주었다.(막 14:65)

여기서 우리가 반드시 던져야 할 질문은 "어떻게 이런 일이 일어날 수 있는가" 하는 것이다. 어떻게 71명의 의롭고 하나님께 헌신된 사람들이 이런 행동을 할 수 있는가? 왜 그들은 죄 없는 한 사람을 죽이려고 정죄했을까? 설령 아무리 그들이 예수를 거짓 메시아라고 생각했을지라도 어떻게 그렇게 경건하고 공동체의 모범이 되는 이들이 왜 그에게 침을 뱉었을까? 왜 그들은 예수의 눈을 가리고 조롱하고 쳤을까?

그것은 두려움 때문이라고 생각한다. 지도자들은 예수가 그들의 삶의 방식, 그들의 권위와 지위, 그리고 유대사회에서의 그들의 위치에 위협이 된다고 보았다. 그들은 군중이 예수에게로 모여들어 "이는 어찜이냐 권위 있는 새 교훈이로다 더러운 귀신들에게 명한즉 순종하는도다(막 1:27)"라고 말하는 것을 들었다. 즉 그들의 눈에 예수는 당시 사회 질서를 위협하는 인물이었던 것이다.

대제사장 가야바의 반응은 바로 그들이 인지한 위협과 동일한 것이었다. "이 사람은 위험하다." 우리는 다음과 같이 말하는 가야바를 상상할 수 있다. "사람들이 계속 그에 몰려들면 로마가 이것을 흩어버릴 것이다. 그러면 로마가 또다시 우리 백성들에게 어떤 일을 저지를지 아무도 모른다. 그리고 이것은 온 나라와 우리 자신에게도 큰 고통을 가져올 것이다. 한 사람이 죽는 것이 온 백성이 고통당하는 것보다 낫다. 따라서 예수는 반드시 죽어야 한다."

다른 사람들도 이 생각에 쉽게 동조했다. 내재된 두려움과 불안감이 엄습하여 그들을 삼켜버렸다. 그리고 두려움은 종종 사람들에게 끔찍한 비인간적 행위를 이끄는 증오심을 유발한다. 이 이야기는 단지 산헤드린 공회의 경건한 71명의 유대인들에게만 한정된 것이 아니다. 이는 모든 인간들의 공통적인 모습을 보여 준다.

두려움이 일으킨 악독한 행위

우리 모두는 두려움을 가지고 태어난다. 이것은 부분적으로 우리 자신을 보호하기 위해서 하나님께서 주신 메커니즘이다. 우리는 그것을 자기보호본능이라고 부른다. 이 메커니즘은 위험한 상황에서 우리에게 도움이 될 수 있다. 때때로 우리는 자신을 구하기 위해서 싸우고, 일하고, 에너지를 써야만 할 때가 있다. 그리고 때때로 위험한 상황에서 도망쳐야 할 때가 있다. 하지만 불행하게도 자기보호본능은 우리의 죄의 본성과 함께 작동한다. 우리 모두 안에는 깨어진 뭔가가 있다. 우리는 잘못된 일을 하고, 선한 것을 뒤틀어 그것을 잘못 사용하거나 망가뜨리는 경향이 있다. 당신과 나도 그것을 안다.

나는 산헤드린 공회가 예수를 다루는 모습을 바라보면서, 그들의 이야기가 당신과 어떤 관련성이 있는지 생각해 보기를 부탁하고 싶다. 두려움은 우리 모두 안에서 악독한 일을 하게 한다. 우리가 얼마나 자주 두려움 때문에 움직이게 되는가? 어떤 식으로 두려움이 우리를 개인적·국가적으로 잘못된 일(때때로 생각할 수조차 없는 일)을 하게 하는가? 우리의 행동이 어쩔 수 없는 것이었다고 정당화하면서 말이다.

1692년 발생한 세일럼(Salem) 마녀재판이나 1952년 조셉 맥카시의 '적색(공산주의)공포'와 두려움이 어떤 관련성이 있는 것 같은가? 또 두려움이 남아프리카와 미국의 인종차별 정책에 어떤 역할은 한 것 같은가? 그리고 두려움이 냉전 기간과 9·11테러 사건 이후 미국의 외교정책을 어떻게 바꾸었는가? 두려움은 어떻게 나중에 당신이 후회했던 일들을 하게 하는가?

우리 각자는 반드시 두려움의 힘을 인식해야 하며 역사의 교훈을 잊지 말아야 한다. 사랑하라는 소명이 두려움의 본성에 의해 가려진다면 우리 모두는 생각할 수 없는 일을 저지르거나 지시할 수 있다. 나는 산헤드린 공회 앞에서 심문당하는 예수의 이야기를 읽으면서 "혹시 나도 저 사람들 중 하나처럼 두려움, 불안, 미움으로 인해 예수가 사형에 해당하는 유죄를 범했다"고 판결하지 않았을까 의문을 가지게 되었다.

나는 몇몇 비기독교인 친구들이 "만약 하나님이 나타나셔서 우리 집 문을 두드리신다면 나도 하나님을 믿겠어."라고 말하는 것을 들었다. 하나님은 실제로 그렇게 하셨다. 그러나 산헤드린 공회가 예수에게 한 것이 우리 인간들이 행한 처사다. 당신이나 나, 또는 나의 비기독교인 친구들이 그 자리에 있었다면 우리 또한 산헤드린 공회와 똑같이 행했으리라 생각한다. 나 또한 산헤드린 공회원들과 똑같은 결정에 내리지 않았을까 두렵다.

설교자들은 두려움에 대해 안다. 교회 성도들을 움직이게 하기 위해 두려움을 사용하기 쉽다. 하지만 그것은 우리가 정말로 조심해야 할 태도다. 정치인들도 이것을 안다. 그들이 하는 정치광고 캠페인을 보라. 불행하게도 그런 두려움에 호소하는 전술이 너무 자주 사용된다.

기독교인으로서 개인의 삶이나 공공정책을 고려할 때 우리가 던져야 할 첫째 질문은 "무엇이 나를 가장 안전하게 만들어 줄 것인가"가 아니라 "내가 가장 사랑해야 할 것이 무엇인가"이다. 결국 사랑이 두려움, 미움, 또는 폭력이 할 수 없는 모든 것을 정복한다. 바로 그것이 성경이 하나님의 방법에 대해 우리에게 가르쳐 주는 것이다. 그런 의미에서 나는 요한일서에 나오는 다음 구절을 상기해 본다.

> 하나님은 사랑이시라 사랑 안에 거하는 자는 하나님 안에 거하고 하나님도 그의 안에 거하시느니라 이로써 사랑이 우리에게 온전히 이루어진 것은 우리로 심판 날에 담대함을 가지게 하려 함이니 주께서 그러하심과 같이 우리도 이 세상에서 그러하니라 사랑 안에 두려움이 없고 온전한 사랑이 두려움을 내쫓나니… 우리가 사랑함은 그가 먼저 우리를 사랑하셨음이라 누구든지 하나님을 사랑하노라 하고 그 형제를 미워하면 이는 거짓말하는 자니 보는 바 그 형제를 사랑하지 아니하는 자는 보지 못하는 바 하나님을 사랑할 수 없느니라 (요일 4:16b~20)

나는 최소한 71명의 산헤드린 공회원 중 몇몇은 예수를 사형에 처하는 것이 올바른 일인지 질문했을 것이라 확신한다. 아마도 몇몇은 이 사람이 참 메시아가 아닐 것이라는 데에 의문을 가졌을 것이다. 하지만 복음서에는 아리마대 요셉을 제외한 그 어느 한 사람도 예수에 대한 사형언도에 반대하는 사람이 없었다. 그리고 이것은 또 하나의 인간성을 보여 주는데, 우리가 사람들이 잘못된 일을 하고 있다고 믿을 때조차 지도자나 다수에게 저항하는 것이 매우 어렵다는 것이다. 파도가 몰려올 때 우리는 일어나 저항하는 것을 두려워하는 경향이 있다. 나는 내 안에서 이런 일이 일어나는 것을 종종 목격한다. 권위 있는 사람들이 "이것이 우리가 가야만 하는 길입니다."라고 말하는 경우가 있다. 이때 나는 반대 의견을 말하면 사람들이 나를 바보처럼 볼까 봐 두려워서 아무 말도 하지 않는다. 나는 당시 산헤드린 공회원 중에도 나중에 "왜 그때 내가 아무 말도 하지 않았지?"라고 말하는 사람들이 있었을 것이라 생각한다.

2차 세계대전 독일 나치 정권 기간 동안 루터교 목사 마틴 니묄러(Martin Niemoeller)는 유대인들을 향해 저질러지는 범죄를 보았고, 처음에는 그에 대해 반대하지 않았다. 그러나 그는 얼마 지나지 않아 자신이 본 것에 대해 반대하는 말을 시작했다. 당시 상황에 대한 그의 감동적인 표현이 이렇다. "맨 처음 그들(나치 정권)은 공산주의자들을 탄압했다. 그러나 나는 그것에 대해 말하지 않았다. 나는 공산주의자가 아니었기 때문이다. 다음으로 그들은 유대인들을 탄압했다. 그러나 나는 유대인이 아니었기 때문에 이에 대해서도 말하지 않았다. 다음으로 그들은 가톨릭을 탄압했는데 나는 이번에도 아무 말 하지 않았다. 나는 개신교도였기 때문이다. 그리고 다음으로 그들은 나를 탄압했다. 그런데 그때쯤 되자 이제 말할 사람이 아무도 없었다."

18세기 영국 철학자이자 정치가인 에드먼드 버크(Edmund Burke)

가 했던 말이 생각난다. "세상을 정복하기 위해 악마에게 필요한 유일한 것은 선한 사람들이 아무것도 하지 않는 것이다."2) 당신이 뭔가 잘못된 것을 보면서 계속 침묵하고 아무 행동을 하지 않는 것은 죄다.

당시 산헤드린 공회에서는 아무도 반대하지 않았다. 아무도 "이것이 정말 우리의 신앙과 일치되는 것입니까?"라고 묻지 않았다. 홀로코스트(유대인 대학살), 미국과 남아프리카의 인종차별정책 등 근현대사에서 그리고 당신과 나의 삶 속에서 이런 똑같은 일이 얼마나 자주 발생했는가? 얼마나 많이 우리는 뭔가 잘못되었다는 것을 알면서도 그것에 대해 말하는 것을 두려워했는가? 나는 단지 다른 사람들의 죄를 지적하고자 말하는 것이 아니다. 우리 모두는 다른 사람의 죄에 대해서는 잘 지적하지만 그들 자신은 전혀 용감하지 않은 추악한 기독교인들을 안다. 나는 지금 당신이 명백히 잘못된 일을 하려고 하는 그룹에 속했을 때, 또는 누군가에게 분명히 불의가 자행되는 것을 보고도 당신을 포함한 모두가 침묵하고 있을 때를 말하는 것이다. 만일 당시 산헤드린 공회원 중에 단지 한두 사람, 혹은 세 사람이라도 "우리가 이 사람(예수)에 대해 어떻게 생각하든 이것은 옳지 않습니다. 이것은 하나님께서 우리에게 가르치신 것과 맞지 않습니다."라고 말했다면 어떤 일이 일어났을까? 이런 상황에 맞닥뜨릴 때 우리는 두려움에도 불구하고 최고의 겸손한 태도로 "저는 왠지 이것이 올바르지 못한 것 같다고 느껴집니다."라고 말할 수 있어야 한다. 당신 머릿속에서 '뭔가 말하자.' 와 '아니야, 그냥 아무 말 말자.' 라는 두 가지 생각이 세차게 갈등하는 중요한 순간에는 침묵하지 말고 말하기 바란다.

"내가 그니라"(막 14:62)

 예수는 이 '경건한' 사람들이 자신을 죽일 빌미를 찾는 것을 들으며 폭풍 한가운데 서 있었다. 예수는 자신을 고소하는 목격자들의 진술이 서로 엇갈리자 점점 크게 당혹스러워하는 그들의 모습을 바라보았다. 유대 율법에 따르면 누군가를 정죄하기 위해서는 두 사람의 증언이 일치해야 했다. 하지만 목격자들의 증언은 서로 일치하지 않았다. 마지막으로 예수를 쳐다보면서, 대제사장이 이렇게 물었다. "네가 찬송 받을 이의 아들 그리스도냐(막 14:61)" 예수가 할 일은 단지 침묵을 지키는 것이고, 그렇게 되면 그에게 유죄의 증거가 될 만한 것은 전혀 없었다. 그런데 예수는 유대인들에게는 신성모독으로, 로마인들에게는 반역자로 여겨질 수 있는 대답을 하였다.

 예수의 정체성을 묻는 이 질문에 대한 예수의 대답은 산헤드린 공회에 의해 유죄 판정을 받을 수 있는 구약의 세 가지 암시를 드러낸 대답이었다. 각각을 살펴보겠다. 예수의 첫 번째 대답은 "당신이 메시아인가"라는 질문에 대한 단순하고 문자적인 대답이다. 마가는 예수의 첫 번째 대답을 두 개의 헬라어 단어 "Ego eimi", 또는 "I am(내가 그니라: 막 14:62)"으로 기록했다. 하지만 가야바는 이것이 단순한 대답이 아님을 알았다. 이 대답의 직선적인 의미는 '내가 그 사람이다(I am he)', '내가 바로 그 찬송 받으실 자다', 또는 '내가 메시아다' 일 것이다. 하지만 헬라어로 "I am"은 그것보다 더 엄청난 의미를 내포한다. 요한복음을 보면 예수께서 수시로 이 표현을 말씀하시는 것을 볼 수 있다. 그래서 학자들은 "I am"을 예수 본인의 말이라고 주장한다. 그런데 사실 이 표현의 중요성은 예수 탄생 1,200여 년 전 모세가 불타는 가시떨기나무에서 하나님의 음성을 들었던 출애굽기의 핵심 구절로 거슬러 올라간다. 모세가 하나님께 애굽에 있는 이스라엘 백성에게 전달할 수 있는 하나님의 이름을 여쭈었을 때 하나님은 "I am who I am(나는 스스로 있는 자이다: 출 3:14)"이라고 말씀하셨다. 따라서 "I am"은 더 이상 단순히 1인칭 주어를 지칭하는 것이 아니다. 히브리인에게 이 표현은 종종 여호와(Jehovah)라고 오역되는 야훼(Yahweh)라는 하나님의 인격적인 이름이다. 나는 하나님께서 이 거룩한 이름을 모세에게 밝히면서 "나는 모든 생명의 근원이다." 그리고 "존재 자체가 나로부터 나온다."라고 말씀한 것이라고 믿는다.

대제사장에 대한 예수의 첫 번째 대답을 "I am"이라고 기록함으로써, 마가는 독자들이 예수와 그의 아버지(하나님) 사이에 연관성을 보도록 의도한 것 같다. 즉 마가는 이 표현을 통해 요한이 그의 복음서 서두에 기록한 다음 구절을 말하고 있었던 것이다. "태초에 말씀이 계시니라 이 말씀이 하나님과 함께 계셨으니 이 말씀은 곧 하나님이시니라 그가 태초에 하나님과 함께 계셨고 만물이 그로 말미암아 지은 바 되었으니 지은 것이 하나도 그가 없이는 된 것이 없느니라 그 안에 생명이 있었으니 이 생명은 사람들의 빛이라"(요 1:1~4)

예수의 첫 번째 대답을 들은 가야바는 그의 옷을 찢고 예수를 신성모독죄로 정죄했다. 하지만 예수는 그치지 않았다. 그는 계속해서 두 번째 대답을 하였다. "인자가 권능자의 우편에 앉은 것과 하늘 구름을 타고 오는 것을 너희가 보리라(막 14:62)" 그런데 예수의 이 말씀은 다니엘 7장 13절의 시작 부분을 인용하신 것이다. 나머지 구절의 내용은 가야바가 스스로 생각해 낼 수 있으리라 믿으면서 말이다.

내가 또 밤 환상 중에 보니 인자 같은 이가 하늘 구름을 타고 와서 옛적부터 항상 계신 이에게 나아가 그 앞으로 인도되매 그에게 권세와 영광과 나라를 주고 모든 백성과 나라들과 다른 언어를 말하는 모든 자들이 그를 섬기게 하였으니 그의 권세는 소멸되지 아니하는 영원한 권세요 그의 나라는 멸망하지 아니할 것이니라(단 7:13-14)

예수는 지금 산헤드린 공회 앞에 서서 자신이 바로 다니엘서의 이 구절이 묘사한 메시아와 동일한 존재임을 선포한 것이다. 온 세상을 다스리는 그의 영광은 유대인들이 소망하는 현재가 아니라 미래에 올 것임을 지적하면서 말이다. 예수는 메시아가 다시 올 때, 성부 하나님이 그에게 모든 민족을 다스릴 통치권, 권세, 힘을 주실 것이라 말씀하신다. 그의 뜻은 반드시 성취되고, 그날에 모든 나라와 족속들은 하나님께 드릴 예배를 그(인자)에게 드릴 것이다.

또한 예수는 가야바에게 그가 "인자가 권능자의 우편에 앉은 것"을 볼 것이라고 말했는데(막 14:62), 이것은 시편 110편 1~4절을 암시한다.

여호와께서 내 주에게 말씀하시기를
내가 네 원수들로 네 발판이 되게 하기까지
너는 내 오른쪽에 앉아 있으라 하셨도다
여호와께서 시온에서부터
주의 권능의 규를 내보내시리니
주는 원수들 중에서 다스리소서
주의 권능의 날에 주의 백성이
거룩한 옷을 입고 즐거이 헌신하니
새벽 이슬 같은 주의 청년들이 주께 나오는도다

여호와는 맹세하고 변하지 아니하시리라
이르시기를 너는 멜기세덱의 서열을 따라
영원한 제사장이라 하셨도다

이 시편은 본래 다윗에 대해 쓰인 것인데, 예수는 복음서에서 이 시편을 두 번 인용하면서 자신이 바로 이 약속 안의 예언적 상속자임을 밝히며 자신에게 적용했다. 이 구절에서 주(야훼)는 예수를 우편에 앉히시면서 예수에게 말씀하고 있다. 여기 나오는 원수들은 장차 예수의 발판이 될 지금 같은 방 안에 있는 자들이었다. 따라서 그 시편을 기억하는 산헤드린 공회원들이 다시 한 번 크게 분노했을 것은 의심의 여지가 없다.

멜기세덱에 대한 인용은 예수 시대 1,600여 년 전으로 거슬러 올라간다. 멜기세덱은 자신의 적들을 전쟁에서 무찌른 아브라함에게 떡과 포도주를 가져왔던 왕이다. 히브리어로 '멜기세덱'은 '의의 왕(King of Righteousness)'이라는 의미다. 그런데 이런 그의 행동은 성만찬에서 예수가 제공하는 떡과 포도주를 미리 보여 준다. 멜기세덱이 왕이면서 동시에 제사장이었던 것처럼, 예수는 의의 왕이면서 사람들을 위해 자신을 하나님께 드린 제사장이시다. 예수는 자신이 시편기자가 예언한 존재이면서 동시에 신비의 존재, 멜기세덱을 통해서 미리 예시된 존재로 동일시하셨다.

이 한 문장 속에 나타난 세 가지 진술을 통해서 예수는 자신이 메시아요, 하나님의 택함 받은 자요, 자신과 하나님의 관계가 매우 특별함을 암시했다. 예수는 단순히 위대한 선생이나 이적을 베푸는 자가 아니다. 물론 그는 사람들이 기대하는 정치적인 메시아도 아니다. 예수는 자신을 구름을 타고 다시 와서 하나님 우편에서 모든 민족을 다스리고, 왕과 동시에 제사장으로 섬기게 될 야훼와 밀접히 관련된 약속된 인자로 이해했다. 이러한 예수의 진술과 주장의 의미를 충분히 파악할 만한 식견을 가졌던 산헤드린 공회원들은 매우 분개하면서 옷을 찢었고 "우리가 어찌 더 증인을 요구하랴? 이 사람이 신성모독의 말을 하였고 반드시 죽어야 한다."고 말했다. 예수는 그렇게 사형을 언도받았다.

"나는 이 사람을 알지 못한다" (막 14:71)

이 장에서 살펴볼 마지막 안타까운 행동은 베드로가 불을 쬐며 몸을 녹이고 있던 바깥뜰에서 발생했다. 우리는 어떤 일이 일어날지 안다. 곧 베드로가 예수를 부인하는 것이다. 베드로가 예수를 부인한 것을 조롱하거나, 이런 행동을 한 베드로를 겁쟁이로 치부하기 쉽다. 하지만 이 시점 직전까지 베드로가 행동으로 보여 준 그의 담대함을 인식하는 것이 중요하다.

병사들이 예수를 체포하기 위해 겟세마네 동산에 도착했을 때, 칼을 빼어 들고 무장한 병사들로부터 예수를 벗어나게 하기 위해 싸울 각오가 되어 있음을 보여 준 것은 바로 베드로였다. 예수는 베드로를 돌아보면서 "칼을 칼집에 꽂으라 아버지께서 주신 잔을 내가 마시지 아니하겠느냐(요 18:11)"라고 말씀하셨다. 베드로가 잘못한 것일 수는 있지만, 그래도 그는 예수를 위해 싸우고자 할 만큼 담대했던 사람이다.

우리는 마태복음, 마가복음, 누가복음에서 예수가 끌려가자, 베드로를 제외하고 모든 제자들이 도망쳤음을 발견할 수 있다. 베드로는 예수를 가야바의 집으로 끌고 가는 병사들을 따라갔다. 그는 그 늦진 곳에 바짝 붙어 있다가, 무슨 일이 발생하는지를 보기 위해 대제사장 관저 뜰 안으로 숨어 들었다. 이런 일을 감행하는 베드로의 담대함이 보이는가? 당신이라면, 예수의 제자라는 이유로 죽을 수도 있다는 것을 알고도 베드로처럼 뜰 안으로 들어갈 수 있겠는가?

그러나 베드로의 담대함은 어느 순간까지 일시적으로만 이어졌다. 예수에 대한 심문이 진행되는 동안 베드로는 불을 쬐면서 성전 병사들 주변에 서 있었다. 아마도 그는 자기 신분을 노출시키지 않으려고 최대한 노력했을 것이다. 그런데 어떤 소녀 하인이 베드로를 주목하여 쳐다보면서 흔들리기 시작했다. 그 하인은 베드로를 향해 "당신도 그 나사렛 예수와 함께 있었다. 나는 당신이 그와 함께 있었던 자임을 안다(막 14:67)"라고 말했다. 그 순간 두려움이 베드로를 사로잡았다. 위험에 빠졌다는 것을 알아차린 베드로는 자신이 예수의 제자 중 한 사람이라고 밝힐 수가 없었다.

베드로는 "나는 네가 말하는 것이 무엇인지 알지도 못하고 깨닫지도 못하겠노라(막 14:68)"고 말했다. 그리고 그는 뜰 안쪽에서 바깥으로 걸어 나왔다. 그런데 그 여자가 베드로를 따라와 다시 이렇게 말했다. "나는 당신이 그(예수)와 함께 있었던 것을 안다. 보라, 나는 당신이 그의 제자 중에 한 사람인 것을 안다." 이에 베드로는 다시 한 번 그녀의 말을 부인했다. 그러자 마지막으로 베드로를 쳐다보던 한 무리의 사람들이 그의 갈릴리 말투를 알아차리고 다가와서 "너도 갈릴리 사람이니 참으로 그 도당이니라(막 14:70)"고 말했다.

이제 베드로는 저주하고 맹세하면서 "나는 당신이 말하는 이 사람을 알지 못한다."고 대답했다. 그런데 바로 그 순간 닭이 두 번째 울었고, 베드로는 "닭이 두 번 울기 전에 네가 세 번 나를 부인하리라(막 14:72)"는 예수의 말씀이 기억났다. 누가는 바로 그 순간 예수께서 홀 안쪽에서 베드로를 바라보았다고 말하고 있다. 그리고 그들의 눈이 서로 마주치는 순간 평생 거친 어부로 살았던, 그리고 투박했던 수제자 베드로가 마음이 깨어져 울었다.(눅 22:61~62)

이 사건은 사복음서 모두 언급된 몇 안 되는 사건 중 하나다. 따라서 사복음서 저자 모두는 이 사건을 중요하게 여겼던 것이 틀림없다. 이것은 베드로를 깎아 내리기 위해서 복음서에 포함된 것이 아니다. (교회 전승에 따르면) 복음서는 베드로가 자신의 믿음을 지키기 위해 십자가에 거꾸로 못 박힌 후에 기록된 것이다. 아마도 복음서 저자들은 베드로 자신이 이 에피소드의 정확한 진실을 정기적으로 말했기 때문에 이 이야기를 알았을 것이다. (요한을 제외한) 모든 제자들이 예수를 배반했다. 설교하러 갈 때 베드로는 그 이야기를 해야 했다. 베드로는 분명히 이렇게 말했을 것이다. "나는 당신들이 예수를 부인한 것을 안다. 나 또한 그를 부인했다. 나는 너무나 부끄러운 모습으로 그를 부인했다. 하지만 여러분에게 이 말을 꼭 해야겠다. 나는 주님을 배반했지만, 그는 나에게 은혜를 베푸셨다. 그는 나를 회복시켜 주셨다. 그리고 만일 여러분이 그를 부인했다면, 그가 여러분 또한 회복시켜 주실 것이다." 베드로는 우리 모두가 때때로 주님을 부인할 때가 있지만, 그러나 주님은 계속해서 우리를 회복시키시고 그의 일을 이루기 위해 우리를 사용하신다는 것을 다른 형제들이 재차 확신하길 원했다. 그때 이후로, 베드로는 결코 예수를 부인하지 않았다.

많은 사람들이 (이스라엘) 성지를 방문하면, 예수 당시로 돌아가 복음서 이야기의 어떤 부분을 생생하게 느끼는 경험을 하게 된다고들 말한다. 나도 성지순례 첫날밤에 이런 경험을 했다. 그때는 3월이었는데, 이 시기는 예수께서 잡히시던 시기와 거의 같았다. 우리 일행은 거룩한 도성 예루살렘이 보이는 감람산 꼭대기에 위치한 호텔에서 묵었다. 나는 좀처럼 잠을 이룰 수 없었다. 여전히 캄캄한 밤이었지만, 옷을 입고 호텔 앞쪽을 걷다가 한 감람나무 아래 벤치에 앉았다. 추위에 떨던 나는 금세 대제사장의 집 뜰에서 불을 쪼이며 몸을 녹이고자 했던 베드로를 생각하기 시작했다. 한참 거기 앉아 생각에 잠겨 있는데, 호텔 아래 산 밑에서 닭이 울기 시작했다. 그러자 갑자기 내 마음속에 내가 예수를 부인했던 모든 순간들이 떠올랐다. 나는 내가 알고 있는 하나님의 뜻에 부합되지 않는 것을 말하거나 행하여 예수를 부인했었다. 나는 나의 신앙과 배치되는 생각과 행위에 관련됨으로써 예수를 부인했었다. 나는 그가 나를 어떻게 보실까 하는 것보다는 사람들이 나를 어떻게 볼까를 더 많이 생각함으로써 예수를 부인했었다. 나는 내가 예수의 제자 중 하나로 여겨지거나 나 스스로 그것을 밝히기를 두려워함으로써 예수를 부인했었다. 나는 뻔히 알면서도 다른 사람들이 나에게 하라고 했기 때문에 그냥 잘못된 일을 행함으로써 예수를 부인했었다. 감람산에 앉아 차가움과 봄의 어두움 속에서 나는 그렇게 잠시나마 베드로를 울게 했던 그 슬픔과 부끄러움을 맛볼 수 있었다.

우리는 주님이 가야바 앞에서 심문받으실 때 참여했던 각 사람에게서 뭔가를 배울 수 있다. 산헤드린 공회원들은 두려움으로 인해 잘못된 일임을 알고도 그 일을 행하도록 허용하는 인간의 성향을 분명하게 보여 준다. 그들의 경우에서 보면, 그것은 바로 예수를 저주하고, 그의 눈을 가리고 때린 것이었다. 그리고 잘못된 것임을 알고도 행한 그들의 침묵이었다. 예수의 증언에는 예수가 누구인가를 우리에게 가르치시려는 의도가 있다. 그는 위대한 선생 이상이고, 선지자 이상이다. 예수는 "스스로 있는 자(I am)"요, 언젠가 구름 타고 오시어 모든 것을 다스릴 왕이요 제사장이시다. 베드로의 부인은 예수를 따르는 소명에 응답한 이들도 때때로 그를 아는 사실조차 부인하도록 하는 시험이 있음을 상기시켜 준다. 또한 그것은 우리가 어떤 대가를 치르더라도 예수를 따르는 자들 속에 속할 것을 요청한다.

예수, 바라바, 그리고 빌라도

4
예수, 바라바, 그리고 빌라도

새벽에 대제사장들이 즉시 장로들과 서기관들 곧 온 공회와 더불어 의논하고 예수를 결박하여 끌고 가서 빌라도에게 넘겨 주니 빌라도가 묻되 네가 유대인의 왕이냐 예수께서 대답하여 이르시되 네 말이 옳도다 하시매 대제사장들이 여러 가지로 고발하는지라 빌라도가 또 물어 이르되 아무 대답도 없느냐 그들이 얼마나 많은 것으로 너를 고발하는가 보라 하되 예수께서 다시 아무 말씀으로도 대답하지 아니하시니 빌라도가 놀랍게 여기더라 명절이 되면 백성들이 요구하는 대로 죄수 한 사람을 놓아 주는 전례가 있더니 민란을 꾸미고 그 민란중에 살인하고 체포된 자 중에 바라바라 하는 자가 있는지라 무리가 나아가서 전례대로 하여 주기를 요구한대 빌라도가 대답하여 이르되 너희는 내가 유대인의 왕을 너희에게 놓아 주기를 원하느냐 하니 이는 그가 대제사장들이 시기로 예수를 넘겨 준 줄 앎이러라 그러나 대제사장들이 무리를 충동하여 도리어 바라바를 놓아 달라 하게 하니 빌라도가 또 대답하여 이르되 그러면 너희가 유대인의 왕이라 하는 이를 내가 어떻게 하랴 그들이 다시 소리 지르되 그를 십자가에 못 박게 하소서 빌라도가 이르되 어찜이냐 무슨 악한 일을 하였느냐 하니 더욱 소리 지르되 십자가에 못 박게 하소서 하는지라 빌라도가 무리에게 만족을 주고자 하여 바라바는 놓아 주고 예수는 채찍질하고 십자가에 못 박히게 넘겨 주니라 (막 15:1~15)

금요일 아침 오전 7시 **안토니아 요새**(빌라도의 총독 관저)

동이 트자마자, 예수는 다시 묶인 채로 대제사장의 집에서 나왔다. 산헤드린 공회에 모였던 영적 지도자들은 예수가 신성 모독죄를 저질렀기 때문에 마땅히 사형시켜야 한다고 결정했다. 그러나 자신들에게 예수를 죽일 수 있는 권세가 없었기 때문에(당시 사형과 같은 중대한 처벌은 로마만 할 수 있었다.), 그들은 예수를 죽일 수 있는 권세를 가진 로마총독 본디오 빌라도에게 이송시키기로 결정했다. 그들은 신성 모독이라는 죄목은 빌라도에게 아무 의미 없는 것임을 알고 있었다. 하지만 그들은 만약 예수가 스스로 메시아임을 주장한다면 이는 자기가 왕이요 사람들을 통치하는 기름 부음받은 자임을 주장하게 되는 것임을 알고 있었다. 로마인들은 그렇게 명백하게 반란을 도모하는 자에게 큰 관심을 가질 것이다. 그리고 그런 반란 주모자에 대해서는 관용하지 않고, 즉시 화형 또는 십자가에 못 박아 처형하였다.

결국 해가 뜨자마자, 예수는 겨우 1/4 마일 가량 떨어진 곳에 있는 빌라도의 관저 안토니아 요새로 보내졌다. 군중이 그를 뒤따랐는데, 여기에는 산헤드린 공회원들과 예수가 붙잡힌 것을 아는 다른 사람들뿐만 아니라 예수의 어머니와 제자 요한, 그리고 어쩌면 베드로도 포함되었을지 모른다. 요한은 예수가 심문받았던 그 성의 이름이 '깐돌(헬라어로 'lithostrotos')'이라고 말한다(요 19:13). 요한이 이 이름을 기록한 것은 이날 발생한 여러 가지 아이러니한 일들 가운데 하나를 지적하기 위해서였을까? 하루 전날, 예수는 그의 가르침에 대하여 증대되는 반발을 묘사하기 위해 시편 118편 22절을 인용했다(막 14:10). 그 시편은 "건축자가 버린 돌(헬라어 'lithos')이 집 모퉁이의 머릿돌이 되었다"라고 말한다. 그리고 지금 '깐돌(stone pavement)'에서 그 '돌'이 유대 지도자들에게 버림받고 있다. 이날이 끝나기 전에, 예수는 돌로 판 무덤에 누워 쉬게 될 것이다. 그리고 커다란 둥근 돌이 무덤 입구를 막게 될 것이다.

고통받는 종

안토니아 요새는 총독의 관저이면서 동시에 도시 중심에 있는 군대의 주둔지였다. 이것은 성전 근방에 위치했는데, 거룩한 장소에 로마 군대가 그런 식으로 너무 근접하게 주둔해 있는 것은 유대인들을 슬프고 분노케 만들었다. 하지만 이 서늘한 아침만큼은, 예수에 대한 판결을 속히 듣기 원하는 산헤드린 공회원들은 빌라도 총독 관저가 근방에 있다는 것 때문에 기뻐했다. 유대 지도자들은 예수가 로마에 대한 반란을 주동할 의도가 전혀 없었다는 것을 잘 알고 있었다. 예수가 도전했던 유일한 권위는 종교 지도자들인 자신들의 권위였다. 예수를 고소한 그들의 목적은 예수로 하여금 자신이 메시아임을 부인하도록 만들거나 아니면 빌라도가 예수를 반란죄로 죽이도록 하는 것이었다.

산헤드린 공회의 심문을 받았을 때처럼, 빌라도 앞에서 예수는 기본적으로 침묵으로 일관했고, 이렇게 자신을 변호하지 않는 예수를 보면서 빌라도는 놀랐다. 빌라도는 대제사장들이 예수를 시기하여 고소하였다는 것을 알고 있었다. 왜냐하면 당시 예수가 그들보다 더 인기가 많았고, 그들의 두려움과 불안감이 증오로 발전했음을 잘 알았기 때문이다. 하지만 빌라도는 왜 예수가 자신을 변호하지 않는지 의아했다. 예수는 유대인의 왕이라고 주장하는 중대한 범죄 혐의로 고소되었다. 당시는 가이사가 유대의 왕이었기 때문에 왕이라는 칭호를 주장하는 것은 반란의 증거였다. 빌라도가 예수에게 "네가 유대인의 왕이냐(막 15:2a)"고 물었을 때, 예수는 "네가 말하였다(막 15:2b)"라는 짧고 수수께끼 같은 대답을 하였다. 이는 단순히 "네가 말했고, 나는 네 의견에 반대하지 않겠다."라는 의미였을지 모른다. 예수께서는 "물론 내가 유대인의 왕이다"라고 대답할 수도 있었다. 하지만 예수는 그렇게 하지 않았다. 마태복음, 마가복음, 누가복음에서, 예수는 다른 어떤 말도 빌라도에게 하지 않았다. 따라서 빌라도는 그가 왜 말하지 않는지 의아하게 생각했을 것이 틀림없다.

심문 당하시면서 침묵하신 예수에 대해 읽으면서, 나는 부분적으로 그의 포기 또는 그의 죽음의 선택을 생각하였다. 예수는 자신을 변호하고자 하지 않았고, 사형 판결에서 벗어나고자 하지 않았다. 예수는 자신의 죽음이 하나님의 계획의 일부임을 믿고 죽음을 예상하면서 예루살렘으로 향했다.

내 생각에는 예수가 어떤 일이 발생할지 알았다는 것은 논쟁의 여지가 없다. 그는 "아버지여 이 잔을 내게서 옮기시옵소서 그러나 나의 원대로 마시옵고 아버지의 원대로 하옵소서(막 14:36)"라고 기도했다. 그는 자신의 운명을 받아들이고 침묵으로 일관했다. 나는 예수가 산헤드린 공회와 빌라도 앞에 서 있는 동안, 이사야 53장의 '고난당하는 종'에 관한 구절들을 마음속으로 생각하고 있었을 것이라 믿는다. 예수 이전 수백 년 전에 쓰인 이 글은 이스라엘 국가의 죄를 위해 고통받는 어떤 한 사람에 대해 말하고 있다. 많은 유대인들은 이사야의 이 구절이 백성들의 죄로 인해 징벌을 받고 바벨론으로 끌려가는, 그리고 얼마 후 멸망하는 유다 왕국을 지칭한다고 믿는다. 예수는 유다 왕국이 고통당하는 종의 역할을 부분적으로 감당했음을 알았다. 하지만 그는 이 구절들은 메시아로서 하나님으로부터 받은 자신의 사명을 예견하는 것으로 보았다. 초대교회는 이사야 53장을 예수의 고난과 죽음의 극명한 모습으로 보았다.

> 우리는 다 양 같아서
> 그릇 행하여 각기 제 길로 갔거늘
> 여호와께서는 우리 모두의 죄악을
> 그에게 담당시키셨도다
> 그가 곤욕을 당하여 괴로울 때에도
> 그의 입을 열지 아니하였음이여
> 마치 도수장으로 끌려가는 어린 양과
> 털 깎는 자 앞에서 잠잠한 양 같이
> 그의 입을 열지 아니하였도다 (사 53:6-7)

예수는 종종 의도적으로 성서의 특정 구절들을 지칭하거나 성취하는 행동을 하셨다. 그는 스가랴 9장 9절에서 묘사하고 있는 예루살렘으로 입성하는 왕의 모습을 염두에 두고, 종려주일 당나귀를 타고 입성하심으로써 자신을 메시아와 동일시하셨다. 예수가 심문받는 동안 침묵하신 것은 그를 따르는 자들로 하여금 이사야 53장의 말씀들을 기억하여, 그 말씀 안에서 그의 고난과 죽음을 해석하도록 하기 위한 의도였을 것이다.

 예수는 온 세상의 죄를 위한 희생양으로 자신을 주셨다. 기독교인들은 그의 죽음이 대속적인 죽음이라고 믿는다. 그의 죽음에는 목적이 있었다. 예수는 착각 속에 빠진 예언자로 죽지 않았다. 그는 단지 로마에 의해 죽임 당한 한 위대한 선생이 아니다. 그는 자신의 죽음을 예상했고, 심지어 제자들에게 자신의 죽음을 예언하면서 예루살렘으로 올라가기를 선택하였다. 기독교인은 예수의 죽음이 하나님께서 세상을 구원하는 방법이었다고 믿는다. 이사야는 그를 이렇게 묘사하고 있다.

그는 실로 우리의 질고를 지고
우리의 슬픔을 당하였거늘
우리는 생각하기를
그는 징벌을 받아 하나님께 맞으며
고난을 당한다 하였노라

그가 찔림은 우리의 허물 때문이요
그가 상함은 우리의 죄악 때문이라
그가 징계를 받으므로 우리는 평화를 누리고
그가 채찍에 맞으므로 우리는 나음을 받았도다 (사 53:4-5)

최후의 만찬에서 예수는 "받아서 먹으라 이것은 내 몸이니라(마 26:26)"고 말씀하셨다. 이어 "이것은 죄 사함을 얻게 하려고 많은 사람을 위하여 흘리는바 나의 피 곧 언약의 피니라(마 26:28)"고 말씀하셨다. 그는 그의 죽음이 우리의 구원을 가져올 것을 알고 있었다.

여기서 잠깐 어떻게 예수의 죽음이 우리에게 구원을 가져다주는지에 대해 깊이 고찰해 볼 필요가 있다. 신학자들은 '예수의 죽음과 십자가를 통한 하나님과 우리의 화해'라는 대속의 교리(the doctrine of Atonement)를 우리가 어떻게 이해해야 할지에 대해 오랫동안 씨름해 왔다. 대부분의 사려 깊은 이들은 이 질문을 가지고 씨름한다. 예수의 죽음이 어떻게 우리에게 구원을 가져다주는지에 대해 우리가 한 번에 완전히 이해하는 것은 어렵다. 이것은 일종의 거대한 수수께끼와 같다.

대속 교리를 설명하는 다양한 이론이 있다. 어느 한 가지만으로는 완전한 설명이 못 되지만, 여러 이론들을 함께 살펴본다면 우리를 위한 예수의 고통과 죽음의 중요성이 가지는 강력하고 심오한 이해가 가능하다. 그 가운데 한 이론은 예수가 인류를 대신해 고통받고 죽었다고 가르치는 이론이다. 그는 우리의 죄로 인해 우리 모두가 마땅히 받아야 할 징벌을 대신 받으셨고, 그렇게 하심으로 우리 인간에게 은혜와 용서를 제공했다는 것이다. 이 이론은 '대리 이론'(substitutionary)이라고 불리는데, 잠시 후 이것에 대해 다시 살펴볼 것이다.

　어떤 이들은 너무 단순하고 혼란스럽다는 이유로 대리 이론을 무시했다. 하지만 많은 사람들에게 이것은 예수가 그의 죽음과 십자가의 결과로 의도했던 것을 이해하는 가장 명확한 방식이다. 본디오 빌라도 앞에서 심문받으시는 장면에서 우리는 얼핏 이 이론의 아이디어를 얻을 수 있다. 여기 깐돌(lithostrotos)에서 예수는 죽음을 기다리고 있던 바라바라 하는 '악명 높은 범죄자'의 자리를 대신한다. 흉악범으로 정죄된 바라바는 자유를 얻고, 아무 죄 없는 사람, 예수가 그를 대신해 십자가에 못 박혔다.

은혜의 값비싼 대가

　바라바는 그의 성격과 예수의 죽음 과정에서 그가 담당한 모든 면에서 흥미로운 인물이다. 바라바는 로마제국에 대항하는 폭동을 일으킨 폭도다. 그는 로마제국에 협조적인 사람들은 물론 심지어 로마 시민들까지 살인했고, 반란에 필요한 재원을 위해 강도 행각도 벌였다.

　본디오 빌라도에게는 유월절 축제 기간 중에 유대인 죄수 한 명을 사면시켜 주는 권한이 있었다. 그런데 이것은 유대인들의 출애굽 축제 기간에 맞춰 사면을 행함으로써, 대중의 마음을 달래고 잠재되어 있는 반란의 욕구를 해소하기 위해 치밀하게 계산된 정치적 행동이었다. 이날 빌라도 앞에는 나사렛 예수와 바라바, 두 명의 죄수가 서 있었다. 두 명 모두 유대인들의 왕이 되고자 반란을 도모했다는 혐의로 기소됐다. 빌라도는 사람들을 향하여 말했다. "둘 중의 누구를 너희에게 놓아 주기를 원하느냐(마 27:21)" 사람들이 강도와 살인자인 바라바를 원할까 아니면 아무 죄도 없고, 오히려 잃어버린 사람들을 사랑하고, 그들에게 하나님의 나라를 가르치고, 병자를 고치고, 많은 사람들을 축복한 나사렛 예수를 원할까?

빌라도는 사람들이 당연히 예수를 놓아 달라고 요청하리라 여겼고, 그 또한 기꺼이 그렇게 하려고 했다. 그러나 사람들은 바라바를 놓아 달라고 요청했고, 결국 풀려난 것은 바라바였다. 멜 깁슨이 제작한 영화 〈패션 오브 크라이스트〉(The Passion of the Christ)를 보면, 바라바가 풀려나면서 예수를 돌아보는데, 잠깐이지만 뭔가 이해했다는 표정이 그의 얼굴을 스쳐갔다. 즉, 잠시 동안이었지만 바라바는 이 무죄한 사람이 자신을 대신해서 십자가에 못 박히는 것을 이해하는 듯했다. 바라바는 예수가 대신 죽음을 당한 효력을 누린 첫 번째 죄인이 되었다. 이것이 바로 자신의 죽음을 통해 예수께서 행하시는 대속의 대리적인 면을 보여 주는 하나의 작은 그림이다. 마찬가지로 우리가 받아야 할 형벌을 예수께서 대신 당하심으로써 우리도 바라바처럼 구원을 받은 것이다.

좀 전에 언급했던 대리 대속 이론을 요약하면 다음과 같다. 모든 사람들은 범죄했고, 그 죄로 인해 우리는 하나님으로부터 분리되었다. 하나님의 공의는 누적된 우리의 죄에 대한 처벌을 요청하는데, 성경은 "죄의 삯은 사망(롬 6:23)"이며 하나님으로부터의 영원한 분리라고 말한다. 하지만 부모가 자식을 사랑하듯, 우리를 사랑하시는 하나님은 우리가 그로부터 영원히 분리되는 것을 원하지 않으신다. 하나님은 우리가 은혜를 받아들이길 바라신다. 평범한 보통 사람은 모든 인류를 위해 죽을 수 없다. 그러나 육신을 입으신 하나님이신 예수는 온 세상을 위해 죽을 수 있었다. 그는 우리에게 받을 자격이 없는 은혜의 선물을 주시면서 자신이 빚지지 않은 값을 지불했다. 바로 이것이 우리가 바라바는 감옥으로부터 자유롭게 걸어 나가고 예수는 십자가에 달리시는 장면 속에서 보는 것이다.

    많은 사람들이 이 이론으로 인해 혼란스러워한다. 속죄를 위해 동물들이 규칙적으로 희생당하던 시대에는 이 이론이 의심의 여지없이 이해하기 쉬웠다. 하지만 오늘날 우리는 우리가 그 정도로 나쁘진 않기에, 예수께서 우리를 위해 십자가에 달리실 필요까지는 없다고 생각한다. 어떤 이들은 죄가 희생 제물이나 속죄를 필요로 하지 않는다고 느낀다. 하지만 예수의 죽음이 우리를 위한 것이라는 개념을 깊이 깨닫는 순간이 있다. 특별히 우리가 너무나 끔찍한 일을 저지르고 큰 부끄러움을 느낄 때, 우리는 우리 자신이 우리를 구원할 수 없음을 알게 된다. 바로 이 순간 우리는 십자가 앞으로 이끌려 가서 그리스도가 우리를 위해 고통당했음을 이해하게 된다. 즉, 십자가를 바라보면서 우리를 위해 이미 값이 지불되었음을 깨닫게 된다.

음주운전을 하다가 중앙선을 넘어 다른 차와 충돌하여 상대편 차 안에 있던 아이를 죽게 만든 어떤 사람의 이야기가 떠오른다. 그는 살인죄로 감옥살이를 했지만, 아무리 오랫동안 감옥살이를 해도 죽은 아이를 살아 돌아오게 할 수는 없었다. 결국 그 남자는 나머지 인생을 자신이 저지른 죄로 인해 스스로 자학하며 살았다. 만약 그 남자가 예수께서 이미 우리가 받아야 할 형벌을 대신 지시고 모든 죗값이 이미 지불되었다는 것을 알았다면 얼마나 좋았을까.

우리는 십자가를 바라보면서 하나님의 놀라운 사랑과 값비싼 은혜를 봐야 하고, 또 하나님께서 우리를 위해 행하신 것으로 인해 변화된 우리의 마음을 발견해야 한다. 예수가 치룬 대가를 이해한다면, 우리는 겸손과 감사로 하나님을 섬기고 다시는 죄를 범치 않기를 갈망해야 한다. 하지만 여전히 우리는 또다시 범죄하고 십자가에서 나타난 하나님의 은혜를 다시 구하게 될 것이다. 바라바처럼, 우리는 한 무죄한 분이 당하신 고통으로 인해 자유롭게 걸어 나가게 되었다.

메시아를 구함

우리가 이 이야기를 살펴볼 때, 바라바만이 우리와 비교해서 생각해 볼 유일한 인물은 아니다. 우리는 군중의 모습 속에서도 자신을 보아야 한다. 분명한 것은 이 사람들이 예수를 십자가에 못 박으라고 요청하기 위해 아침 6시부터 모여 있었다는 사실이다. 우리는 종종 당시 모든 유대인들이 그 군중에 연관되어 있다고 생각한다. 하지만 그것은 분명히 틀린 생각이다. 유대인 모두가 예수가 십자가에 못 박히길 원하지는 않았다. 안토니아 요새 밖에 있던 군중은 기껏해야 수십 명에서 수백 명 정도로, 아마도 상대적으로 적은 숫자였을 것이다. 당시에도 예수를 신뢰하는 사람들이 많이 있었다. 그들은 예수를 위대한 선생과 기적을 행하는 자로 생각했고, 예수의 말을 좋게 여기는 사람들도 있었다. 하지만 그렇게 생각하지 않는 사람들도 일부 있었다.

그날 아침 일찍 모인 군중 속에는 분명 성전 뜰에서 장사하는 상인들과 동전 바꾸는 사람들도 있었을 것이다. 며칠 전 예수께서는 그들의 상을 둘러엎고 그들을 성전에서 쫓아내었고, 덕분에 그들은 체면과 이익을 모두 잃어버렸다. 그런 그들이 오늘 아침 빌라도의 요새 앞에서 "예수는 여기서 그 어떤 일을 당해도 마땅하다. 우리 일을 망가뜨렸으니 그는 죽어 마땅하다."고 외치고 있다. 그리고 아마 그곳에는 폭력을 즐기는 폭력배와 군중 선동가들도 있었을 것이다.

물론 그 군중 속에는 불평하는 상인들과 폭력배가 아닌 사람들도 있었을 것이다. 그러나 대부분은 우리가 종려주일이라고 부르는 날에 예수께서 감람산에서 내려오셨을 때 거기 있었던 사람들이었을 것이다. 그들은 예수 앞에서 종려나무를 흔들며 소리쳤다.

호산나 찬송하리로다
주의 이름으로 오시는 이여 찬송하리로다 오는 우리 조상 다윗의 나라여
가장 높은 곳에서 호산나 하더라(막 11:9-10)

그런데 금요일 그들은 "그를 못 박으라!"고 소리쳤던 것이다. 어째서, 그리고 어떻게 사람들이 갑작스럽게 변한 것일까?

이것을 이해하기 위해서는, 당시 사람들이 예수가 누구이며 어떻게 할 것이라고 생각했었는지 살펴볼 필요가 있다. 예수가 당나귀를 타고 입성하고 그들이 종려나무 가지를 흔들며 예수를 환영했을 때, 그들은 약 190년 전 다른 제국이 유대인들을 압제했을 때 있었던 비슷한 에피소드를 회상했다. 그들을 압제했던 것은 헬라계 셀레우코스 왕조(Seleucid dynasty)였는데, 그들은 수많은 유대인들을 학살했고, 압제 기간 중 제우스신 제단을 유대 성전에 세우고 그 위에서 돼지를 도륙했다.

그 후 BC 163년, 유대인 중 마카비 형제들이 반란을 결행하기 위해 같은 마음을 가진 동포들을 모았다. 그들은 헬라인들을 추격하여 예루살렘과 거룩한 땅에서 몰아 냈다. 그들은 성전을 정화하였고, 유대인들은 지금도 이것을 '하누카'로 축하한다. 시몬 마카비가 예루살렘으로 돌아왔을 때, 그는 위대한 구원자로 칭송을 받았다. 그리고 사람들은 승리의 표시로 그에게 종려나무를 들고 흔들어 주었다. "당신이 우리를 헬라인으로부터 자유케 하였습니다."라며 "만세!"를 외쳤다.

시몬 마카비의 승리와 예루살렘의 해방을 위해 종려나무 가지를 흔드는 아이디어는 수코스(Succoth)라고 불리는 장막절에서 유래하였다. 이 절기 축제 기간인 일주일 동안, 유대인들은 과거 그들의 광야 생활을 기억해야 했다. 축제 기간 동안 그들은 날마다 축하 행사의 일부로 나뭇가지를 흔들었다. 호산나 라바(Rabbah)라고 불리는 절기 마지막 날, 사람들은 성전 제단을 원형으로 일곱 번 돌면서 '호산나'라는 기도를 드렸는데, 이것은 개략적으로 '지금 우리를 구원하소서'라고 번역할 수 있다. 이날 사람들은 하나님께 그들을 구원해 달라고 간구하였다. 아마도 그들은 장차 자기 백성을 구원하실 하나님을 묵상하면서, "주의 이름으로 오시는 이가 복되도다"라는 시편 118편 26절을 암송했었을 것이다. 따라서 당시 구원자로 예루살렘에 들어오던 시몬 마카비의 입성은 매해 장막절마다 그들이 드렸던 기도의 응답으로 보였던 것이다.

이러한 연유로 예수가 감람산에서 내려오는 동안 유대인들은 종려나무 가지를 흔들며 "예수여, 우리의 구원자가 되소서. (시몬이 헬라로부터 우리를 구원했듯이) 우리를 로마로부터 구원하소서. 원수들을 몰아 내고, 우리를 이 끔찍한 압제로부터 자유케 하소서."라고 외쳤던 것이다. 바로 그것이 그들이 예수에게 바랐던 '기름 부음받은 자' 또는 왕의 의미인 메시아의 모습이었다. 다윗도 메시아였고, 솔로몬도 메시아였다. 제사장에게 기름 부음받은 모든 고대 왕들은 메시아로 불렸다. 따라서 우리는 사람들이 메시아에 대한 아주 특정한 기대를 가지고 있었음을 볼 수 있다.

예수의 탄생 때부터 AD 70년 예루살렘이 로마에게 함락될 때까지, 스스로 또는 유대인들에 의해 메시아로 칭송된 사람은 적어도 8명 내지 13명이나 되었다. 1세기 로마 역사가 요세푸스는 그 중 몇 명을 우리에게 말해 준다. 어떤 이는 살인자였고, 어떤 이는 강도였다. 어떤 이는 하나님의 통치를 열렬히 소망하는 열심당이었다. 또한 그 중에 몇몇은 수십 명 또는 수백 명의 추종자들을 끌어모았다. 어떤 사람의 경우는 6천 명의 군사들을 모으기도 했다. 이 모든 사람들은 로마를 몰아 내고 새로운 이스라엘을 세우기 위해 칼을 사용한 사람들이었다. 사람들과 똑같이 그들은 그것이 메시아로서의 자신의 사명이라고 생각했다. 그리고 메시아로 여겨졌던 이 사람들은 모두 사형 선고를 받았다.

예수가 예루살렘에 왔을 때, 많은 사람들은 로마에 대항하는 군사적 반란을 이끌 메시아를 기대하고 있었다. 그런데 그가 그들을 크게 실망시켰다. 예수는 칼 드는 것을 거부했던 유일한 메시아였다. 그는 로마의 압제의 족쇄를 걷어 내기 위해 군중을 선동하고자 하는 의도가 없었다. 대신 그는 사람들에게 원수를 사랑하며 그들을 고소하는 자들을 위해 기도하라고 가르쳤다. 예수는 진실과 의를 위해 고난받는 사람, 온유한 사람, 화평케 하는 사람을 복 있는 사람이라고 불렀다. 또한 만일 로마 군인이 억지로 짐을 지고 1마일을 가게 하면, 그 짐을 지고 2마일을 가라고 말했다. 로마인이 한쪽 뺨을 때리면, 다른 쪽 뺨도 내밀라고 가르쳤다.

그러나 이것은 그들이 찾던 것이 아니었다. 메시아일지도 모른다고 생각했던 예수는 많은 사람들이 메시아에 대해 믿고 있던 모든 것에서 역행하였다. 그들에게 있어 살아남는 유일한 길은 힘으로 하는 것이었다. 자유는 칼을 필요로 했다. 그러나 예수는 이렇게 말했던 것이다. "들어라. 너희들을 자유케 하는 것은 칼의 힘이 아니라, 십자가의 힘이다. 로마에 대항해 싸울 군대를 일으킨다고 자유가 얻어지는 것이 아니다. 오히려 그것은 희생적인 사랑에 의해 얻어질 것이다." 그리고 그가 옳았다. 예수는 유대 남자와 여자, 그리고 아이들에 이르기까지 모두가 로마에 항거하기 위해 무장할지라도 그들은 여전히 부서질 것이라는 것을 알았다. 즉, 작은 땅덩어리의 유대가 심지어 갈릴리와 사마리아의 도움을 받을지라도 결코 로마제국을 이기지 못할 것임을 그는 잘 알고 있었다.

예수는 로마에 대한 승리는 결코 무력적인 방법으로 오지 않음을 알았다. 그는 승리는 영원히 패하지 않는 희생적 사랑인 아가페의 힘으로 온다고 말했다. 그리고 이렇게 말했다. "너희들은 새로운 방식으로 그들을 정복할 것이다. 그들이 너희 하나님에 대해 들을 때, 그리고 그들이 너희 삶을 통해 하나님을 보게 될 때 그들의 마음이 변화될 것이다."

물론 그런 일이 실제로 일어났다. 로마인들은 자신들이 오랫동안 공경해 왔던 신들에게 싫증을 느끼고 더 이상 열정적으로 예배하지 않았다. 겸손한 목수로 이 땅을 걸으셨던 하나님이 자기 백성을 위해 고통받고 죽으셨고, 죽음을 이기고 부활하셨다는 이야기를 기독교인들이 말하기 시작하자, 로마인들은 그 이야기에 매료되어 예수를 따르기 시작했다. 기독교는 종들과 일반 백성들 사이에 퍼졌고, 심지어 일부 상류층에게도 전파되었다. 사람들로 하여금 서로 사랑하도록 하기 위해 사람의 모양으로 오신, 그리고 사람들을 위해 고통당하신 하나님에 대한 이야기는 그리스–로마의 신들에게서는 찾을 수 없는 훨씬 강력한 이야기였다. 로마제국은 결국 무력이 아니라 그리스노의 십자가에 의해 정복당했고, 이것은 예수의 방법이었다. 하지만 이 운명의 날, 예수가 종교 지도자들과 상인들, 그리고 일반 백성들에 둘러싸여 로마의 통치자 빌라도 앞에 섰을 때, 아직 그들 중에 이것을 이해하는 사람은 아무도 없었다.

예수와 바라바의 유산(Legacies)

빌라도는 그날 이른 아침에 모인 군중에게 선택권을 주었다. 그들은 메시아로 여겨지던 두 사람 가운데 한 사람은 풀어 주고 반면 한 사람은 죽음으로 내몰 수 있었다. 마태는 바라바의 이름이 실제로는 "예수 바라바(마 27:16)"라고 말하고 있다. '바라바'라는 이름은 '아버지의 아들'이라는 의미고, '예수'는 '구원자'라는 의미다. 따라서 마태는 지금 그 군중에게 두 메시아적 인물 가운데 한 명을 택할 수 있는 선택권이 주어졌음을 보여 준다.

만약 당신이 그 군중 속에 있던 한 사람이었다면, 당신은 어떤 메시아를 선택했겠는가? 한 메시아는 무력으로 로마를 몰아내고, 당신에게 세금과 부와 번영을 되돌려주고, 유대 왕국의 힘을 회복할 것이다. 반면 또 다른 메시아는 압제자들을 사랑하고, 그들과 함께 거하는 동안 압제자들을 섬기면서 그들이 요구하는 것에 2배로 섬기라고 가르친다. 당신은 두 사람 중 누가 자유하게 되길 원하는가? 당신은 두 사람 중 누가 없어지길 원하는가?

이런 관점에서 볼 때, 당시 군중이 예수가 아닌 바라바를 선택한 이유를 어렵지 않게 이해할 수 있다. 그들은 희생적 사랑을 통한 평화의 길보다는 물리적인 힘과 군사적인 능력, 그리고 세금을 낮추는 길을 선택했다.

역사는 1950년대와 1960년대에 있었던 시민운동에 대한 말콤 X와 마틴 루터 킹의 상이한 접근에서 위와 비슷한 선택권을 우리에게 주었다. 두 지도자는 어떤 인종이든 상관없이 모든 사람들에게 정의와 평등을 보장하고 싶었다. 그러나 그들의 접근방식은 완전히 달랐다. 말콤 X는 불의(injustice)가 너무 심각하여 그것을 없애기 위해서는 때때로 폭력도 정당화될 수 있다고 믿었다. 그의 이러한 접근방식은 다음에 나오는 1964년 그의 연설에서 잘 표현되어 있다. "나는 만일 비폭력이 폭력을 피하기 위해 미국의 흑인 문제에 대한 해결 방안을 계속 연기시킨다면 차라리 폭력을 지지한다. 만일 비폭력이 해결 방안을 연기하는 의미라면 나는 비폭력을 지지하지 않는다. 다른 표현으로 말하면, 만일 이 나라에서 흑인들의 인간 존엄적 권리를 회복시키기 위해 폭력이 필요하다면 아일랜드인, 폴란드인, 유대인들이 그들을 향한 악독한 차별에 항거했던 것과 동일하게 나는 폭력을 지지한다."[3] 그런데 그는 이슬람 메카 성지를 순례한 후, 자신의 그런 접근방식에 대해 의문을 던지기 시작했다. 그리고 그는 일 년 뒤에 죽었다.

한편 킹 박사는 인권과 평등은 오식 비폭력 저항과 희생적 사랑을 경험한 후 마음의 변화를 통해서만 이루어진다고 믿었다. 그의 설교, '사랑으로 강하라'에 나타난 그의 접근방식은 다음과 같은 말로 표현될 수 있다. "우리의 접근방식은 우리에게 민권을 주지 않을 수 없도록 당신들을 부끄럽게 만들 것입니다. 기꺼이 고통받고자 하는 우리의 의지를 통해 우리는 당신들에게 새로운 길을 보여 줄 것입니다. 당신들은 우리를 상하게 하고, 상하게 만들 수 있습니다. 그러나 우리는 여전히 당신들을 사랑할 것입니다. 우리는 물리적으로 당신들을 상하게 하지 않을 것입니다. 대신 우리가 옳다고 믿는 것을 위해 일어설 것입니다. 당신들이 우리에게 고통을 부과하면, 우리는 우리의 인내력으로 당신들을 지치게 만들 것입니다. 우리는 당신들을 미워하기보다는 사랑을 보여 줌으로써 승리할 것입니다."

　민권에 관련하여 결국 무엇이 미국을 바꾸었나? 폭력과 미움이었나, 아니면 희생적 사랑의 힘이었나? 두 가지 방법 모두 지지자들이 있었다. 킹 박사의 접근방식은 복음을 비춰 주었고, 내가 믿기로는 킹 박사 추종자들이 보여 준 비폭력 저항을 목격하면서 모든 세대의 백인들의 마음이 변화되었다.

　한 세대 전에 마하트마 간디는 킹 목사에게 중요한 교훈과 영감을 제공하였다. 무슬림과 힌두교도 사이의 전쟁에 직면하여, 간디는 단식 투쟁을 선언했다. "나는 당신들이 싸움을 중지할 때까지 먹지 않겠습니다." 양측의 지도자들이 찾아와서 "간디 선생님, 당신이 음식을 먹기 시작하시면 우리도 싸움을 중지하겠습니다."라고 말하기 전까지 이 조용하고 마른 사람은 거의 아사할 뻔 했다. 바로 이것이 사상적 우월성과 기꺼이 고통받고자 하는 의지로 두 그룹이 전쟁을 중단하도록 만든 한 사람의 힘이다.

오늘날 얼마나 이런 접근방식이 취해지고 있는가? 나사렛 예수가 요구한 대로 이 세상에서 사는 것이 가능한가? 그런 방식으로 어떤 국가나 정부가 생존할 수 있을까? 예수께서는 우리가 바라바의 방식이 아닌 자신의 방식을 선택하길 원하신다는 것을 나는 잘 안다. 하지만 또한 나는 많은 이들이 나사렛 예수를 존경하지만, 바라바 예수의 방식을 더 안전하게 느끼고 선호한다는 것을 안다. 바로 이것이 2천 년 전 빌라도가 군중에게 제안한 선택이었다. 힘으로 세상을 변화시킬 인기 있고 혁명적인 바라바 예수를 택할 것인가, 아니면 희생적 사랑을 통해 세상을 변화시킬 나사렛 예수를 선택할 것이다. 그런데 결국 그 군중은 "바라바를 풀어 달라!"고 외쳤다(눅 23:18). 당신이 거기에 있었다면, 당신은 누구를 선택했을 것 같은가?

'군중을 만족시키고자 함' (막 15:15)

우리는 우리 자신을 예수 그리스도에 의해 자유하게 된 죄수, 바라바로 투사해 보았다. 그리고 예수가 아닌 바라바를 놓아 달라고 외치던 군중 속에 있던 사람으로 우리 자신을 투영해 보았다.

나는 우리가 또 다른 흥미로운 인물인 본디오 빌라도의 관점에서 우리 자신을 볼 필요가 있다고 생각한다. 빌라도는 AD. 26년에서 AD. 36년 사이 유대의 행정장관 또는 총독이었다. 신약성경 외에, 그에 관한 기록은 두 개의 1세기 자료뿐이다. 유대 철학자, 알렉산드리아의 필로는 또 다른 자료를 인용하며 빌라도를 '융통성 없는 기질에 거칠고 고집스러운 사람'으로 묘사했다.[4] 유대 역사가 요세푸스는 빌라도가 세금 징수를 통해 예루살렘에 수도관을 건설하고자 하는 계획이 저항에 부딪히자, 필요한 재원 마련을 위해 성전을 약탈했다고 말한다.[5]

누가복음 13장 1절은 어떤 갈릴리 사람들이 제사를 드리기 위해 성전에 왔고(아마도 반란을 꾀하고자 하는 의도를 가지고 왔을 것으로 추측됨), 빌라도가 어떻게 그들을 죽이고 그들의 피를 그들의 제물에 섞었는지 말해 주고 있다. 요세푸스는 또한 빌라도가 예언자로 불리는 어떤 사마리아 사람을 따르는 추종자들을 학살했다고 말한다. 그리고 바로 이 사건으로 인해 빌라도는 총독 지위에서 해임을 당하기도 한다.[6]

분명한 것은, 빌라도는 결코 유대인 죽이는 것을 주저하는 사람이 아니었다는 것이다. 하지만 유대의 왕이라 주장하는 예수가 빌라도 앞에 끌려왔을 때, 빌라도는 그를 죽이라고 명령하지 않을 것처럼 보였다. 빌라도는 이 사람 때문에 고민스러웠다. 우리는 복음서에서 그것을 볼 수 있다. 빌라도는 예수가 끌려온 것은 대제사장들이 그를 시기했기 때문임을 알았다. 빌라도는 예수를 죽이는 것이 틀리다는 것을 아는 것처럼 보였다.(그러나 일부 학자들은 기독교가 로마제국으로 본격적으로 침투해갈 때 복음서가 기록되었음을 지적했다. 따라서 이 구절들은 예수가 로마에 항거하여 반란을 일으킬 의도가 없었음을 분명히 보여 주기 위해서 빌라도가 예수를 십자가에 못 박길 주저했음을 강조했다고 본다.)

마가는 빌라도가 "내가 이 사람을 어떻게 해야 할까? 나는 이 사람에게서 죽일 이유를 찾지 못하겠노라(막 15:9~14 참조)"고 말했던 것을 들어, 그가 예수를 놓아주길 원했다고 말한다. 마태복음에서 우리는 빌라도의 아내가 예수에 대해 힘든 꿈을 꾸었다며, 예수에 대해 아무 일도 관여하지 말 것을 요청하는 것을 볼 수 있다(마 27:19). 그래서 빌라도는 군중에게 나사렛 예수를 놓아줄 것을 요청하라고 압박한다. 하지만 그들은 계속해서 예수는 십자가에 못 박고 바라바를 놓아 달라고 요구한다.

이에 마태는 빌라도가 손을 씻으며 군중을 향해, "나는 이 사람의 피에 대해 무죄하니 너희가 당하라"고 했다고 말한다. 누가(23:6~12)는 빌라도가 많이 고심하다가 당시 우연히 예루살렘에 머물고 있던 갈릴리 지역을 관할하던 헤롯 안티파스 왕(헤롯 대왕의 아들)에게 예수를 보냈다고 말한다. 하지만 헤롯 역시 예수를 '경멸'하면서 취조했지만, 마찬가지로 예수를 죽일 만한 이유를 찾지 못하여 다시 빌라도에게 보냈다. 요한은 빌라도가 군중에게 만족을 주길 바라면서 예수에게 채찍질을 가하여 누더기가 되어 피 흘리는 예수를 그들에게 보여 주었다고 말한다. 그리고 빌라도는 "여기 너희 왕이 있다! 내가 그를 못 박기 원하는가?"라고 말했다(요 19:14~15). 요한은 빌라도가 다섯 번 내지 여섯 번이나 예수를 십자가에 못 박는 것을 피하고자 했다고 말한다. 그러나 군중은 그렇지 않았다.

마지막 순간까지도 빌라도는 예수를 놓아주고자 하는 의도와 권세를 가지고 있었다. 그가 그렇게 예수를 십자가에 못 박는 것을 주저했음에도 불구하고, 우리는 예수의 고난 기사에서 가장 슬픈 이야기 중 하나에 도달하게 된다. "빌라도가 무리에게 만족을 주고자 하여 바라바는 놓아 주고 예수는 채찍질하고 십자가에 못 박히게 넘겨 주니라(막 15:15)" 빌라도는 이것이 틀렸음을 알았고, 중단시킬 수 있는 힘도 가지고 있었다. 그러나 군중의 요구는 거셌다. 결국 빌라도는 그 앞에 있는 군중의 아우성과 통제할 수 없는 폭도들에게 만족을 주고자 하여 예수를 십자가에 못 박도록 내주었다.

당신은 본디오 빌라도 안에서 당신 자신을 보았는가? 예수가 죽는 과정에서 우리 모두는 각각 우리의 (악한) 역할을 했다. 어릴 적부터 우리는 군중의 힘을 알았고, 어른이 되어서는 인정받고자 하는 욕구와 조롱이나 거부에 대한 두려움 등 다양한 방식으로 군중의 힘을 느낀다. 스스로 생각하는 능력의 결핍으로 인해 우리는 말해야 할 때 침묵하고, 잘못된 것임을 알고도 그대로 행하거나 지지한다.

단지 군중이 당신에게 하라고 아우성쳤기 때문에 잘못된 것임을 알고도 행한 것이 있다면 그것은 무엇인가? 그들의 압력이 강하다면 당신은 어떻게 하겠는가? 얼마 전, 어떤 젊은 청년이 내 사무실을 찾아왔다. 그는 대학에 진학한 후, 약물과 알코올, 그리고 다른 것들에 찌들어 살았다. 그는 어렸을 적에 대단한 아이였다. 그래서 나는 그에게 어떤 일이 있었는지 알고 싶었다. 그런데 이야기는 단순했다. 그의 새로운 친구들이 그런 것들을 모두 했기 때문에, 빌라도처럼 '무리를 만족시키기 위해' 자신도 따라하기로 결정했다는 것이다.

우리 모두는 같은 경험을 한다. 우리 문화는 전체적으로 한 방향을 향해 움직인다. 그리고 우리는 그것이 잘못된 일이고 하나님의 뜻에 배치되는 것을 알면서도 그 안에 빠져 있음을 알고 있다. 우리가 교회에서 모이는 것이 매우 중요한 이유 가운데 하나는, 최소 매주 한 시간씩 우리가 예수를 따르고자 하는 군중에 둘러싸이게 되기 때문이다. 우리가 생각하는 것과 같은 방식으로 생각하고 우리를 격려하는 사람들 가운데 있는 것은 좋은 경험이다. 우리는 서로 정도를 걸을 수 있도록 서로에게 힘을 주고받는다. 이 (좋은) 군중도 그 젊은 청년의 친구들처럼, 거부하기 힘든 강한 목소리를 가지고 있다. 우리는 군중에 의해 좋은 것 또는 나쁜 것의 영향을 받을 수 있다. 따라서 우리가 일주일에 한 번 공통된 가치, 확신, 믿음을 가진 친구들로 둘러싸이기 위해 주일날 한 시간만이라도 교회에 모이는 것은 아주 중요한 일이다.

만일 당신이 기독교인이라는 이유, 즉 예수를 따른다는 이유 때문에 결코 체포되거나 사형에 처해지지 않는 나라에 살고 있다면, 당신은 당신이 예수 믿는 사람 중에 한 명으로 여겨지는 약간의 압력을 동료들로부터 받는 것을 감당할 수 있겠는가?

고문과 모욕을 당하는 왕

5
고문과 모욕을 당하는 왕

예수는 채찍질하고 십자가에 못 박히게 넘겨 주니라 군인들이 예수를 끌고 브라이도리온이라는 뜰 안으로 들어가서 온 군대를 모으고 예수에게 자색 옷을 입히고 가시관을 엮어 씌우고 경례하여 이르되 유대인의 왕이여 평안할지어다 하고 갈대로 그의 머리를 치며 침을 뱉으며 꿇어 절하더라 희롱을 다 한 후 자색 옷을 벗기고 도로 그의 옷을 입히고 십자가에 못 박으려고 끌고 나가니라 마침 알렉산더와 루포의 아버지인 구레네 사람 시몬이 시골로부터 와서 지나가는데 그들이 그를 억지로 같이 가게 하여 예수의 십자가를 지우고 예수를 끌고 골고다라 하는 곳(번역하면 해골의 곳)에 이르러 몰약을 탄 포도주를 주었으나 예수께서 받지 아니하시니라(막 15:15b~23)

금요일 아침 오전 8시 **안토니아 요새**(빌라도의 총독 관저)

예수가 겪었던 고문과 그것이 예수를 따르고자 하는 우리에게 어떤 의미를 주는지 더욱 명확하게 이해하기 위해서, 예수의 십자가 죽음 직전 최후 몇 시간에 대해 좀 더 생각해 보는 것은 의미 있는 작업이다. 사복음서는 이 시간에 대한 설명을 조금씩 다르게 하고 있다. 누가는 예수가 로마 군병들의 손에 채찍질과 조롱당한 것에 대해 그 어떤 언급도 하지 않았다. 하지만 빌라도가 헤롯대왕의 아들이자 예수가 살았던 갈릴리 지역을 통치하던 헤롯 안티파스에게 예수를 보냈었다는 사실을 말해 주는 것은 누가가 유일하다. 헤롯은 당시 우연히 예루살렘에 머물고 있었고, 빌라도는 예수에 대한 판결 책임을 그에게 넘기고 싶었다. 누가는 헤롯이 상당한 시간 동안 예수를 심문했고, 예수가 답변을 거부하자 그를 경멸하고 희롱한 후 '좋은 옷'을 입혀서 빌라도에게 보냈고, 이어 빌라도가 예수에게 십자가형을 언도했다고 말한다.

많은 사람들에게 가장 친숙하며, 멜 깁슨(Mel Gibson)의 영화 〈패션 오브 크라이스트〉의 근간이 되는 요한복음은 빌라도가 판결을 내리기 전에 예수를 채찍질하게 했다고 말하고 있다. 빌라도는 채찍질을 통해 예수가 충분한 형벌을 받았으니 유대 지도자들이 예수에 대한 십자가형 요구를 철회하길 바랐던 것처럼 보인다. 군병들은 예수를 채찍질하고 조롱한 후, 가시관을 그의 이마에 씌우고 자주색 옷을 입혀 피 흘리고 망가진 모습으로 빌라도에게 다시 끌고 갔다. 빌라도는 군중에게 이런 모습의 예수를 보여 주었지만, 군중은 동정심을 보이기보다 다시 한 번 십자가에 못 박으라고 소리쳤다.

마태와 마가는 십자가에 못 박히기 전 예수는 심하게 채찍질당한 후 로마 병사들에게 끌려가 총독 본부에서 또다시 조롱과 모욕을 당했다고 말한다. 누가를 제외한 모든 복음서 저자들은 예수께서 채찍질을 당했다고 공통적으로 말하고 있다. 그리고 사복음서 모두 예수가 조롱과 모욕당한 내용을 포함하고 있다. 하지만 여전히 예수가 당했던 고문과 모욕에 대한 설명은 아주 간략하게만 소개되고 있다. 그래서 이 장에서는 복음서 저자들이 간략하게 언급하고 지나친 이 부분을 약간 상세히 살펴보려고 한다.

육체적 고문 : 채찍질

채찍질은 예수님 시대 당시 보편적이었다. 세계 여러 문화권과 여러 시대에 걸쳐 채찍질이 사용되었던 것처럼 로마와 유대에서도 사용되었다. 채찍질은 형벌과 고문을 위해 가죽 끈이나 막대기로 사람을 때리는 것을 말하며, 당시 쓰이던 채찍은 허리띠(벨트)로 만든 구식 채찍이었다. 독립전쟁 기간 동안 군대가 행했던 것처럼, 과거 미국의 많은 교도소에서 채찍질이 행해졌다. 많은 국가에서 지금도 이 채찍질을 행하고 있고, 최근에도 한 이란 남자가 사형 직전에 공개적으로 채찍질을 당했다는 뉴스가 보도되기도 했다.

로마제국은 경범죄에 대해서는 가벼운 형태의 채찍을 사용했다. 하지만 군중에게 공포를 주입하고자 할 때에는 최고 강심장의 구경꾼들조차 고개를 돌릴 정도로 매우 잔인한 방법을 사용하였다. 당신이 추측하듯이 그런 심한 채찍질에는 로마에 대한 저항을 잠재우는 효과가 있었다. 로마가 사용한 채찍질의 한 형태에는 죄수의 옷을 벗기고, 손이 묶인 기둥 위에 몸을 구부리도록 만들었다. 그 후 채찍으로 고통을 가하는 특수 기술을 훈련받은 2명 내지 3명의 간수들이 번갈아 가며 죄수에게 채찍질을 가했다. 그들이 사용한 채찍은 가죽에 돌이나 금속, 유리, 뼛조각 또는 살을 찢거나 멍들게 하려고 고안한 날카로운 물체를 부착한 것이었다. 어떤 채찍은 '스콜피온'이라고 불리는데, 이것은 손톱이나 새의 발톱 같은 것이 부착되어 살과 뼈를 찢는 데 더욱 효과적이었다고 한다. 3세기 교회사가인 유세비우스는 채찍질당하는 과정에서 때때로 죄수의 정맥이 드러나고 근육과 힘줄, 그리고 창자가 터져 나오는 경우도 종종 있었다고 말한다.7) 때로 죄수들이 십자가에 달리기 전에 죽기도 했지만 그런 경우는 예외적이었고, 채찍질은 죄수로 하여금 자신이 달릴 십자가를 지고 처형장으로 가까스로 갈 정도의 힘만 겨우 남기고서 죄수에게 극도의 고통과 손상을 주었다.

예수님이 당하신 수난과 모욕은, 초기 기독교인들이 로마의 손에 고통당하는 예수의 고난을 가리킨다고 본 '고난받은 종'의 노래 가운데 하나인 이사야 50장 6절 내용과 거의 일치한다. 아마 예수는 로마 군병들에게 고난당하면서 이 구절들을 마음속에 떠올렸을 것이다.

> 나를 때리는 자들에게 내 등을 맡기며
> 나의 수염을 뽑는 자들에게 나의 뺨을 맡기며
> 모욕과 침 뱉음을 당하여도
> 내 얼굴을 가리지 아니하였느니라

어떤 학자들은 이 구절들이 유대 국가 전체를 가리킨 것인데, 고난받는 종으로 인격화되었다고 믿는다. 하지만 고난받는 종에 대한 많은 구절은 유대 국가를 넘어 이 끔찍한 날에 예수가 경험하는 것을 가리키는 것처럼 보인다. 그리고 내가 볼 때 이사야서에 나오는 몇몇 종의 노래들은 오직 예수에게 적용할 때에만 그 의미가 해석된다.

정신적 고문 : 모욕

예수는 자비를 구하지 않았다. 그는 채찍질당하는 자로부터 예상되는 그 어떤 행동도 나타내지 않았고, 그에게 형벌을 가하는 군인들에게 어떤 분노도 나타내지 않았다. 로마 병사들은 그의 살을 찢는 것에 만족하지 않았다. 예수의 인간성을 말살시키고, 그의 영혼을 파괴하고자 했다. 로마 병사들은 예수를 궁의 뜰 안으로 끌고 간 후 온 부대를 불렀다(막 15:16). 일반적으로 당시 한 부대는 300~600명 정도의 병사들로 구성되었다. 아마도 당시 안토니아 요새에 주둔하고 있던 모든 병사가 죄수를 데리고 농락하는 경기를 보기 위해 나왔을 것이다. 특별히 지금 끌려온 죄수는 황제에게 반역을 꾀한 죄목으로 고소당하고, 스스로 왕이라고 선포한 자였다.

마태는 그들이 예수를 알몸으로 만든 후, 로마제국의 강대함을 상징하는 최고의 칼과 방패와 무기들로 무장한 수백 명의 병사들 앞에서 피투성이의 연약해진 예수를 이리 저리 돌려가며 조롱했다고 말하고 있다. 로마 군병들은 이런 방식으로 오직 그들의 황제만이 온 세상의 왕이고, 따라서 이 죄수에게 자신의 주장이 얼마나 허무맹랑한 것임을 보여 준 것이었다.

그들은 조롱의 의미로 왕의 대관식을 거행했다. 그들은 가운을 하나 가져왔는데, 아마도 병사들 중 한 사람의 것이었을 것이다. 마태는 그 가운의 색깔이 빨간색이었다고 말한다. 그러나 마가는 자주색이었다고 말하는데, 이것은 왕족의 색깔이다. 자주색은 지금도 교회력상으로 왕의 탄생을 축하하는 대강절을 상징하는 색깔이다. 그리고 교회력상 예수의 죽음을 준비하는 사순절을 상징하는 색깔이기도 하다. 그 가운의 색깔이 뭐였든지, 그것은 예수의 벌거벗은 몸을 가리지 못했을 것이다. 그의 어깨에 걸쳐진 상태에서 단지 피투성이 등을 덮었을 것이다. 병사들은 그들이 놀리고 있는 왕에게 왕관이 필요하다고 생각했다. 그래서 가시나무 가지를 꺾어 대충 타원형으로 월계관을 만들어 그의 이마에 눌러 얹었다. 그러자 그 가시가 그의 살을 깊숙이 찔렀다.

그들은 예수를 향해, "유대인의 왕이시여!"(마 27:29; 막 15:18; 요 19:3)" 하고 외치며 경례를 붙였다. 마태에 의하면 그들이 또 갈대를 꺾어 가짜 홀을 만들어 예수에게 쥐게 했는데, 이것은 왕의 권위를 상징하는 지팡이를 풍자한 것이었다. 다음으로 그들은 예수에게 모여들어 원을 만든 뒤, 그에게 침을 뱉고 얼굴을 내리쳤다. 그리고는 예수가 들고 있던 갈대를 빼앗아 그를 후려쳤는데, 이것은 고통을 가하려 하기보다는 모욕을 더하기 위해서였다. 그러면서 몇몇은 예수 앞에 무릎을 꿇고 계속해서 "유대인의 왕이시여!"를 외쳤다.

고통당하는 한 사람을 이처럼 잔인하고 비인간적으로 희롱하는 부끄러운 모습, 바로 이것이 우리가 주목해야 할 그림이다. 왜냐하면 이것이 하나님이 인간의 육체를 입고 우리 가운데로 이 땅에 오셨을 때 인간이 그에게 행한 비극적인 행태를 선명하게 보여 주기 때문이다. 예수는 한 마디 말씀으로 그들 모두를 파괴할 수도 있었다. 하지만 그는 그 모든 수치와 모욕을 묵묵히 당하셨다. 왜냐하면 그 같은 자신의 이야기를 통해 그를 따르는 모든 사람이 인간의 타락상과 하나님이 우리에게 은혜를 주시기 위해 치른 값비싼 대가를 배우도록 하기 위함이었다.

왜 군병들이 이런 일을 했는지, 우리는 스스로에게 질문해 봐야 한다. 왜 그들은 예수를 고문했을까? 왜 그들은 예수를 비인간적으로 다뤘을까? 예수는 잃어버린 사람들을 사랑했다. 그는 하나님 나라의 복음을 선포했다. 그는 병자를 고쳤고, 눈 먼 이의 눈을 뜨게 했다. 물론 그는 종교 지도자들의 권위에 도전하고, 그들의 위선을 지적하기도 했다.

과연 이들은 어떤 사람들인가? 우리는 지금까지 예수가 고난받은 이야기 속에서 상상하기 어려운 일을 저지르는 사람들을 만났다. 산헤드린 공회는 예수의 사형을 요구했다. 군중은 예수를 십자가에 못 박으라고 소리쳤다. 본디오 빌라도는 군중을 만족시키기 위해 예수에게 십자가형을 선언했다. 그리고 로마 군사들은 예수의 살점

이 떨어져 나가는 것을 보면서 즐거워했고, 그에게 침을 뱉으며 조롱했다.

이 수백 명의 군사들은 모두 악마인가? 아니면 점령자로서 끊임없는 현지인들의 반란과 저항의 욕구를 억제하기 위해 취할 수밖에 없었던 어쩔 수 없는 비인간적 행동인가?

우리 속에 있는 악마

군인들이 예수의 옷을 벗기고 고문하는 내용이 기록된 복음서 부분을 읽고 또 읽을 때마다, 나는 이라크 전쟁 중에 미국 군인들이 이라크인들을 발가벗기고, 놀리고, 수치심을 느끼게 만들고, 그들이 행한 일을 사진 찍어 올리는 사건이 발생했던 아부 그라이브(Abu Ghraib) 감옥이 생각난다. 과연 무엇이 남자, 여자들에게 그런 일을 저지르도록 만드는가? 그들이 특별히 나쁜 사람인가, 아니면 그들이 속한 환경이 이런 행동을 하도록 만들었는가? 보통 사람들이 인간성을 잃고, 두려움 때문에 평소 같으면 저항했었을 잘못된 정책이나 행위를 지지하는 때가 있는가?

나는 지금까지 계속해서 예수의 수난 과정의 각 단계에서 여러분 자신을 보도록 초청했다. 이제 나는 로마 군병들 속에서 여러분 자신을 바라보길 초청한다. 이렇게 하는 것은 역사를 통해서 우리 인간이 서로에게 비인간적 행위를 저지를 수 있음을 이해하도록 돕는다. 고통스럽게도 이것은 바로 우리의 이야기이기도 하다. 노아 시대 때 사람들이 서로를 너무 폭력적인 방법으로 대하는 것을 보고 크게 후회하신 하나님은 홍수를 보내어 지구를 무너뜨리셨다. 아마 우리는 "나는 결코 그런 일을 하지 않는다. 나는 결코 죄 없는 사람을 희롱하고, 때리고, 공포심을 느끼게 하는 걸 즐거워했던 로마 군인들과 같이 않았을 것이다."라고 말할 것이다. 하지만 우리는 이런 주장을 할 때 조심해야 한다.

  1971년 스탠포드대학의 심리학자 필립 짐바르도는 미 해군을 위해 감옥에서의 사람들의 행동에 관한 연구를 수행했었다. 그와 그의 동료들은 스탠포드대학의 심리학과 건물 지하를 감옥으로 만든 후, 24명의 중산층 스탠포드대 재학생들을 모집하여 임의로 12명은 간수, 나머지 12명은 죄수의 역할을 하도록 하였다. 죄수 역할을 맡은 12명이 '감옥'에 들어간 상태에서, 그들과 간수 역할을 맡은 12명의 행동에 대한 관찰이 14일 동안 진행되는 실험이었다. 그런데 이 실험은 6일 만에 중지되었다. 왜냐하면 간수 역을 맡은 학생들이 역할에 너무 몰입한 나머지 죄수 역할을 맡은 학생들을 때리고 억압했기 때문이었다. 그들은 이것이 실험이라는 사실을 잊어버렸던 것이다.[8]

  짐바르도는 이후 30년 동안 이 실험 결과를 분석하고 이런 실험의 결과가 다른 영역에서는 어떤 의미를 가져올지 연구했다. 연구 결과, 그는 우리 모두는 누구든지 지킬 박사에서 하이드 씨로 바뀔 수 있다는 것을 발견했다. 그는 한 르완다 여인과 인터뷰를 했는데, 그녀는 부족 지도자들에 의해 그녀의 이웃과 그녀와 함께 자라고 평생 동안 알고 지내온 사람들이 자신의 원수이며 제거되어야 한다는 확신을 가지게 되었다. 결국 그녀는 아이들과 자신의 평생지기 친구를 살해했다. 그녀는 자신이 왜, 그리고 어떻게 그런 일을 저질렀는지 설명하지 못했고, 자신이 저지른 일을 부끄러워했다. 하지만 어쨌든 그녀는 바로 그런 변화의 과정을 겪었던 것이다.[9]

1963년 예일대학교의 스탠리 밀그램(Stanley Milgram)은 한 실험을 위해 거리에서 사람들을 모집했다. 참가자들에게는 시간당 4달러가 지급되었는데, 참가자들의 과제는 측정기와 눈금판 앞에 앉아서 다른 방에 있는 사람이 틀린 답을 말할 경우 그에게 전기 충격을 주는 것이었다.

이 실험은 권위 있는 사람이 치명적인 수준까지 전기 충격의 강도를 높여야 한다고 요구했을 때 실험 참가자가 어디까지 따르는지 살펴보기 위해 고안한 실험이었다. 실제로는 상대방에게 전기 충격이 가해지지 않았지만, 실험 참가자는 이것을 알지 못했다. 실험 참가자들은 상대편의 목소리는 들을 수 있었으나, 상대방을 볼 수는 없었다. 실험 전, 연구자들은 오직 1% 정도의 사람들만 사망 수준의 전기 충격까지 갈 것이라고 예측했다. 그러나 연구자들이 발견한 것은 65%의 실험 참가자들이 분명 옆방에서 상대방의 고통스런 외침소리가 들림에도 불구하고 450볼트까지 전기를 올렸다는 사실이었다. 심지어 옆방에 있는 사람이 쓰려져 잠잠해졌음에도 불구하고, 권위자가 실험을 끝까지 마쳐야 한다고 말하자 실험 참가자들은 여전히 최고 전압인 650볼트까지 전기 충격을 가하였다.10)

짐바르도는 밀그램의 실험과 자신의 실험을 다시 살펴보면서, 역사적으로 비슷한 사건들이 많이 존재함을 발견하게 되었다. 당신은 1930년대와 1940년대 독일인들이 어떻게 그렇게 다른 행동을 보일 수 있었는지 궁금하지 않았는가? 그들은 당신과 나와 같은 오늘날 사람들과 완전히 다른 사람들이었을까? 왜 수많은 평범한 사람들이 특정 상황에서 유대인 이웃들을 기꺼이 죽이고자 했을까?

보통 사람들도 기이하고 끔찍한 일을 하도록 설득될 수 있다. 이데올로기와 권위, 그리고 점진적인 둔감화만 잘 조합되면, 우리 모두는 말 또는 가스실 등의 무기를 가지고 다른 사람을 파괴하는 괴물이 될 수 있다. 바로 이것이 우리가 하나님을 바라보지 않고 우리를 부르신 이가 우리가 어떤 존재가 되길 원하는지 깊이 있게 성찰하지 않을 때 직면할 수 있는 현실이다.

십자가에 못 박기 위해 끌고 감

예수에 대한 조롱을 마친 후, 군병들은 예수에게 그의 옷을 다시 입히고, 빌라도의 관저 뜰로부터 예수가 십자가형을 받을 바위 언덕을 향해 끌고 갔다. 그곳의 라틴 이름은 '갈보리'였는데, 이는 '해골'이라는 뜻이고, 골고다는 같은 의미를 가진 아람어다. '해골의 곳'이라는 이름은 아마도 그곳에서 죽은 죄수들의 뼈가 널려져 있고, 죽은 죄수들의 몸이 여전히 나무에 달려 있고, 독수리나 개들에게 뜯겨 있기도 했기 때문일 것이다. 또는 단순히 그 언덕의 모양이 해골을 닮았기 때문일 수도 있다. 오늘날 예루살렘을 방문하는 사람들은 예수가 십자가에 달렸던 언덕의 위치로 두 곳을 추측한다. 오늘날 대부분의 순례자들이 바로 그 장소라고 상상하는 곳은 진짜 오리지널 장소일 가능성이 낮다. 이곳은 '고든의 갈보리'로 알려진 장소인데, 영국 장군 찰스 고든이 1982~1983년에 팔레스틴을 방문한 후 이곳을 오리지널 갈보리라고 제안한 것이 유래가 되었다. 이곳은 바위 절벽인데 그 모양이 해골을 닮았다. 그 근처에서 고든은 오래된 무덤을 발견했는데, 이후 이곳은 예수의 무덤이었을 가능성이 높은 장소로 빠르게 유명해졌다.

하지만 초대 교회에 의해 진짜 골고다일 가능성이 더 높은 것으로 추정되는 장소는 '거룩한 무덤교회'(The Church of the Holy Sepulchre) 사이에 있다. 방문자들은 언덕 꼭대기에 있는 계단에서 출발하여 한 바위 위에 세워진, 약 15피트 높이의 교회까지 걸어가게 된다. 그 바위 꼭대기는 유리가 덮고 있고, 그 위에는 제단이 있다. 여기 있는 세 개의 구멍은 세 개의 십자가를 지지하기 위해서 그 바위에 정으로 파놓은 것으로 여겨진다. 교회 안으로 들어서면, 많은 사람들이 그 건물의 가장 거룩한 장소인 제단상(altar table)으로 가고자 한다. 그들은 예수가 십자가에 달렸던 장소라고 여겨지는 바위 윗부분에 손을 대보기 위해, 무릎을 꿇고 제단 아래로 기어간다.

예수가 못 박혔던 그 장소를 손으로 만지면서, 잠시 경건한 마음으로 예수가 십자가에 못 박힌 사건을 묵상하는 것은 정말 강력한 경험이다. 우리는 지금까지 읽은 이야기들을 신화나 설화로 여길 때가 종종 있다. 그러나 그런 역사적인 장소에 가 보면 그 사건들이 실제로 발생했었다는, 즉 인간의 모양으로 오신 하나님께서 정말로 이 땅을 걷고, 고통당하고, 이곳에서 죽으셨다는 것을 강렬하게 느끼게 된다.

갈보리는 빌라도의 관저에서 1/3마일 정도 떨어져 있다. 그러나 극도로 지친 예수가 그 거리를 걷는 데는 약 30분 정도의 시간이 걸렸을 것이다. 요한은 예수가 자신의 십자가를 지고 갔다고 말하는데, 아마도 십자가의 가로 형틀만 지고 가고 세로 형틀은 형장에 이미 옮겨져 있었을 수 있다. 예수로 하여금 자신이 못 박힐 십자가를 지고 가게 하는 것은, 로마인들에게 있어 또 한 번 그에게 모욕감과 감정적인 고통을 줄 수 있는 기회가 되었을 것이다. 요한복음과 다르게 마태복음, 마가복음, 누가복음은 구레네 시몬이 십자가를 지고 갔다고 말하고 있다. 하지만 이런 차이점은 아마도 예수가 그 형틀을 지고 몇 백 야드 가지 못하여 도저히 더 이상 십자가 형틀을 끌고 가지 못할 정도로 탈진했을 것을 상상하면 쉽게 이해가 된다.

구레네(Cyrene)는 립바 북쪽에 있는 도시다. 그리고 아마도 시몬은 당시 유월절을 지키기 위해 예루살렘을 방문 중인 유대인이었을 것이다. 그와 예수가 골고다에 이르렀을 때, 어떤 사람이 예수에게 몰약을 섞은 포도주를 주었다(막 15:23). 우리는 몰약이 고통을 없애는 진통제 역할을 한다고 알고 있다. 따라서 이것은 최악의 고통을 앞두고 있는 예수의 감각이 무디어지도록 돕기 위한 동정의 행동이었을 것이다. 흥미로운 것은 이것이 복음서에서 몰약이 등장한 두 번째라는 것이다(마 2:11 참조). 이 장면을 본 예수의 모친 마리아는 몰약이 첫 번째로 등장했었던 당시 장면을 떠올렸을 것이다. 바로 예수가 태어난 뒤 몰약을 선물로 받았을 때다. 이것은 동방박사가 가져오기에는 좀 의아한 선물이었다. 하지만 지금 그녀는 그것이 예언적인 선물이었음을 이해하였다.

비록 예수가 최후의 만찬 이후 아무것도 먹거나 마시지 않았지만, 그는 진통제 받는 것을 거부했다. 그리고 그 행동은 "나는 내가 받아야 할 모든 고통을 온전히 받을 것이다. 나는 진통제로 나의 고통을 없애지 않을 것이다."라고 말하는 것 같았다. 그의 고통은 구속을 위한 것이었다. 그것은 그와 이 세상을 위한 하나님의 계획이었고, 그는 그것을 온전히 당하기로 결심하였다.

희생적 사랑의 능력

기독교인들은 예수께서 자신의 고통과 죽음은 인류 구원을 위한 방법이라고 분명히 가르치셨다고 믿는다. 그의 고통을 통해 우리 모두는 용서, 구속, 그리고 하나님 앞에 바로 설 수 있게 되었다. 우리는 전 장에서 대속 교리의 한 이론에 대해 살펴보았다. 대리 이론(substitutionary theory)은 예수가 그를 구원자로 믿는 모든 이들을 대신하여 대신 고통당하고 죽었다고 말한다. 그는 하나님의 뜻을 거역한 우리가 받아야 할 죄와 형벌을 모두 짐 지시고 우리 대신 죽으신 것이다. 이제 우리는 주관론 또는 도덕적 영향론이라는 또 다른 이론을 살펴볼 것이다.

주관론 또는 도덕적 영향론은 하나님의 마음을 바꾸거나 하나님이 우리를 용서하도록 하는 것에 대한 것이 아니다. 이것은 오히려 당신과 나의 변화에 관한 것이다. 예수의 고통과 죽음, 부활은 인간에게 하나님의 말씀을 소통하게 하고, 우리의 구속과 용서의 필요성을 보여 주며, 하나님의 사랑을 완전히 보여 줌으로써 우리로 하여금 회개에 이르도록 하는 신성한 드라마다. 사도 요한은 요한복음 서론에서 예수가 하나님의 말씀이라고 말한다. 예수는 우리와 소통하기 위해 하나님의 말씀이 육체를 입으신 하나님의 매개체였다. 예수 안에서, 하나님의 신성한 속성은 하나님의 인격과 사랑, 그리고 인간을 향한 계획을 드러내기 위해서 인간의 육체와 연합되었다.

　예수의 수난과 죽음을 통해 하나님께서 말씀하고자 한 것은 무엇이었을까? 예수의 마지막 24시간 동안 일어난 사건들은 첫째로 인간의 깨어짐을 말한다. 우리가 앞에서 살펴본 것처럼, 이 비극적인 사건에 참여한 각 사람들은 바로 그 깨어짐을 비춰 주고 있다. 제자들은 잠에 빠졌다가 예수가 붙잡히자 두려움 속에서 도망쳤다. 유다는 예수를 배반했고, 베드로는 예수를 부인했다. 산헤드린 공회는 예수가 죽기를 원했다. 군중은 사랑을 가르치는 메시아보다 폭동을 가르치는 메시아를 더 선호했다. 총독(정부 관리)은 군중을 만족시키길 바랐고, 군병들은 죄없는 사람을 고문하고 희롱하는 데서 즐거움을 취했다.

　하나님께서 우리 가운데 오셨을 때 우리 인간이 그에게 행한 이야기는 바로 타락한 우리의 인간성을 고발하는 이야기다. 우리는 이 이야기 속에서 내 자신을 발견하고, 이 이야기의 비극적인 결말에 대해 회개해야 했다. 우리의 깊은 곳에 뭔가 잘못된 것이 있고, 우리의 깨어짐과 용서의 필요성을 깨달아야 했다.

　나는 워싱턴 DC에 있는 국립 홀로코스트 박물관에 몇 차례 가 보았다. 히틀러의 '최후의 방안'이라는 명분하에 행해진 잔학 행위들을 보여 주는 각종 사진과 비디오 필름, 그리고 전시물들을 보기 위해 나는 딸 모두를 그곳에 데리고 갔다. 그 박물관은 나치의 비인간성의 총합을 보여 주는 증거다. 하지만 그것은 또한 교회 지도자들을 포함하여, 이런 악에 대해 저항하기를 거부한 수백만의 보통 유럽인들도 모두 공범임을 증언하기도 한다. 심지어 히틀러를 패배시키는 데 중요한 역할은 했던 미국도 한때 나치가 이런 '최후의 방안'(대학살)을 실행하고 있을 때 더 많은 유대인들을 이민자로 받아들이는 것을 거부했었다. 홀로코스트(유대인 대학살)는 나치만을 고발한 것이 아니라 모든 인류를 고발하는 것이다.

내 딸들과 나는 그곳을 방문한 후 아무 말 없이 걸었고 눈으로 봤던 장면들로 인해 마음이 몹시 무겁고 죄책감이 들었는데, 바로 이것이 홀로코스트 박물관의 목적이다. 즉, 박물관을 방문한 사람들이 다시는 이런 일이 발생해서는 안 된다는 결심을 가지고 그곳을 떠나는 것이 이 박물관의 설립 목적인 것이다.

같은 방식으로, 대속의 주관적 또는 도덕적 영향 이론은 그리스도의 수난과 죽음은 이 이야기를 듣는 이들에게 깊은 영향을 미치기 위함이라고 제안한다. 예수의 수난과 죽음은 우리의 영혼에게 우리 안의 질투심, 옹졸함, 자기중심, 영적인 소경, 그리고 숨어 있는 어두움을 거울 보듯 선명하게 보여 준다. 우리는 복음서에서 그리스도가 고문딩하고 조롱받고 십자가형을 받으시는 이야기를 읽으면서, "절대 다시는 이래서는 안 돼!" 또는 "하나님, 우리의 이런 악한 모습에서 우리를 구원하소서. 주여, 우리에게 자비를 베푸소서!"라고 말해야 한다. 이런 내용을 읽으면서 깊이 회개해야 한다.

깨어진 인간성이 이 이야기에서 우리가 들어야 하는 유일한 단어는 아니다. 우리는 더불어 우리를 위해 고통당하실 뿐 아니라 우리를 우리 자신과 죄에서부터 구원하기로 결심한 그분을 바라보아야 한다. 예수의 수난과 죽음은 우연이 아니다. 그는 자신이 당할 고난의 최후 결말이 어떠한지 알고도 그 길을 선택하셨다. 그는 그 잔인한 채찍과 가시면류관, 그리고 십자가 모두를 의도적으로, 조용히, 그리고 위엄 있게 직면하셨다. 그는 벌거벗겨진 채로 서 계시면서 마치 이렇게 말씀하는 것 같았다. "너희는 아직도 너희를 향한 아버지의 사랑이 이렇게 크다는 것을 보지 못하느냐? 너희를 얻기 위해 기꺼이 고통받고 심지어 죽기까지 너희를 사랑한다는 것을 깨닫도록 하기 위해 내가 이 땅에 온 것이 이제 보이느냐?"

예수는 복수심에 굴복당하는 것을 거부하는 사랑을 보여 주셨다. 그는 원수라도 그들이 자유를 얻도록, 그리고 그들이 사랑받는 자녀와 친구로서의 바른 관계를 회복할 수 있도록 원수를 사랑하기로 결심하셨다. 바울은 로마서 5장 8절에서, "우리가 아직 죄인되었을 때에 그리스도께서 우리를 위하여 죽으심으로 하나님께서 우리에 대한 자기의 사랑을 확증하셨느니라"고 말하고 있다. 또한 요한복음 3장 16절은, "하나님이 세상을 이처럼 사랑하사 독생자를 주셨으니 이는 그를 믿는 자마다 멸망하지 않고 영생을 얻게 하려 하심이라"고 말씀하고 있다. 즉, 십자가는 하나님의 완전한 사랑을 보여 주는 매개체다.

예수의 수난과 죽음에서 우리가 귀 기울어야 하는, 희생의 사랑의 본질과 관련한 단어가 또 하나 있다. 예수는 자기 파괴적 방식으로부터 인간을 구원할 수 있는 진정한 힘을 가진 사랑이 어떤 것이지 그 예를 보여 주었다. 희생적인 사랑은 원수를 친구로 만들고, 죄책감을 회개로 이끌며, 돌 같은 마음을 눈처럼 녹인다. 이 세상은 희생적 사랑을 진정으로 보여 줌으로써 그리고 이타적인 봉사의 실천을 통해 변화된다.

2004년 11월, 예비군이었던 태미 더크워스(Tammy Duckworth)는 이라크전 실전에 블랙 호크 헬리콥터 부기장으로 투입되었다. 그런데 전투 중 적의 로켓 폭탄이 그녀의 발아래에서 폭발하여 다리가 절단되고 팔이 부서지는 큰 부상을 당하였다. 헬리콥터는 부서져 불시착했고, 그녀는 죽은 것처럼 보였다. 태미와 함께 헬기에 타고 있던 생존 병사들은 적들이 헬기의 추락 지점으로 쫓아올 것이고, 만약 적들에게 붙잡히면 자신들을 모두 죽일 것임을 알았다. 하지만 그런 와중에도 그들은 의식을 잃고 쓰려져 있는 태미를 버려두고 떠나는 것을 기부했다. 그들은 적의 추가 공격의 위험을 무릅쓰고 그녀를 헬리콥터에서 빼낸 후, 6인치 높이의 풀숲을 통과하여 그녀를 구출했다. 마침내 그들이 안전한 곳에 도달했을 때, 그들은 그녀가 절반 정도의 피를 흘렸음에도 불구하고 기적적으로 살아 있음을 발견하였다. 그 뒤 그녀는 회복되었고, 의족을 사용하여 완전하게 움직일 수 있게 되었다. 훗날 그녀는 일리노이 주의 보훈부서 책임자로 임명되었다. 그리고 2009년 2월 3일, 더크워스는 다시 미국 연방정부 국가보훈처 행정조정 담당 차관보로 지명되었고, 4월 22일 연방 상원의회의 인준을 받았다. 한번은 이라크전 당시 동료들이 그녀를 구하기 위해 감수했던 큰 위험에 대해 어떻게 생각하는지 질문을 받았다. 그러자 더크워스 소령은 이렇게 대답했다. "저는 매일 아침 일어날 때마다 그 당시 동료들이 보여 준 노력과 희생에 걸맞은 삶을 살고자 다짐합니다."[11]

바로 이것이 희생적 사랑의 파워이며, 그리스도의 십자가가 우리에게 주고자 하는 영감이다. 우리는 예수의 십자가를 바라보며 "나는 저기 예수의 십자가 희생에 부합하는 삶을 살도록 노력해야 한다."라고 말해야 한다. 우리는 예수의 십자가 대속의 사랑으로 인해 변화되고, 이후로는 다른 사람에게 그러한 희생적 사랑을 실천해야 한다. 예수의 모든 새로운 제자들이 그 사랑을 실천할 때, 온 세상과 인류가 변화될 것이다.

시몬의 유산(The Legacy of Simon)

십자가 형장으로 이동하기 전에, 나는 다시 한 번 당신의 관심을 예수의 십자가를 억지로 끌고 가도록 강요받았던 구레네 시몬에게 집중시켜 보고자 한다. 립바에서 온 이 방문자는 단지 우연히 잘못된 시간, 잘못된 장소에 있었던 지나가는 행인이었을까? 혹 실제로는 예수를 돕기 위해 자신의 목숨을 걸고 따라왔던 예수의 추종자는 아니었을까?

이곳에서의 만남 이전에 시몬이 예수의 제자였는지 여부는 알 수 없다. 하지만 마가는 이 시점 이후 시몬이 예수를 따랐고, 그리스도의 십자가를 끌고 갔던 경험이 그에게 깊은 영향을 미쳤다는 흥미로운 힌트를 우리에게 준다. 마가는 15장 21절에서, "마침 알렉산더와 루포의 아버지인 구레네 사람 시몬이 시골로부터 와서 지나가는데 그들이 그를 억지로 같이 가게 하여 예수의 십자가를 지우고"라고 말하고 있다. 누가나 마태가 언급하지 않은 시몬의 아들들 이름을 마가가 언급하고 있다는 이 사실은 예수의 십자가 사건 약 35년 후에 쓰인 마가복음의 독자, 로마 그리스도인들이 알렉산더와 루포를 알고 있음을 시사한다. 당연히, 이때쯤 시몬은 죽었을 것이다.

그런데 흥미로운 것은 시간적으로 마가가 마가복음을 완성한 다음 몇 년 후에 쓰인 로마서 16장 13절에서, 바울이 로마에 있는 그리스도인들에게 보내는 편지 내용 중에 "주 안에서 택하심을 입은 루포와 그의 어머니에게 문안하라 그의 어머니는 곧 내 어머니니라"고 말하는 내용이 있다는 것이다. 여기 나오는 루프스는 바로 시몬의 아들로 보인다. 그는 그 당시 '주 안에서 선택받은' 교회의 지도자였고, 그의 어머니는 바울과 특별히 가까운 관계였다. 따라서 예수의 바로 옆에서 그의 십자가를 대신 지고 간 경험과 예수가 십자가에 못 박히는 것을 가까이에서 목격한 경험을 통해 시몬의 마음이 크게 감동되었던 것이 틀림없고, 결국 그는 대속의 도덕적 영향에 의해 변화된 첫 번째 신자가 되었던 것이다. 즉 시몬의 마음은 예수가 당하신 고난에 감동을 받았고, 결국 예수를 따르기로 결심했으며, 그의 아내와 자녀들 또한 예수의 제자가 된 것이다.

지금까지 이 장에서 살펴본 부분 가운데 당신은 어느 곳에 위치한다고 생각하는가? 당신은 로마 병사들 속에서 자신을 보는가? 그들은 예수 앞에 무릎을 꿇고, "유대인의 왕이시여!"라고 외쳤다. 하지만 마음속으로는 예수를 조롱했다. 이들은 권력을 사랑했고, 다른 사람에게 고통을 가하는 것을 즐겼으며, 궁극적으로 이들은 눈 먼 자들이었다. 나는 언젠가 한 친구에게 "당신은 말이나 행동으로 예수를 조롱한 적이 있나요?" 하고 물은 적이 있었다. 그러자 그는 "언제 예수를 조롱했냐고요? 나는 주일날 교회 안에 있을 때에는 예수에 대해 말하지만, 나머지는 주중에는 내내 너무나 자주 나의 생각과 행동을 통해 그를 조롱하는 것 같습니다. 나는 그를 내 삶의 왕으로 모시고 살지 않습니다." 혹 당신은 주일날은 예수를 왕으로 찬송하면서 월요일에는 당신의 말과 행위로 그를 조롱하고 있지는 않는가?

한편, 우리는 시몬의 모습 속에서도 우리 자신을 발견할 수 있다. 그는 예수가 고통당하는 것을 보고 마음이 감동되어 예수를 따르는 자가 되었고, 수십 년이 지나 그가 죽은 후에는 그의 아내와 아들들이 계속 주를 따르는 자가 되었다. 이것은 예수의 고난과 죽음을 바라보면서 우리 각자가 추구해야 하는 변화일 수 있다.

십자가

6

십자가

때가 제 삼시(오전 9시)가 되어 십자가에 못 박으니라 그 위에 있는 죄패에 유대인의 왕이라 썼고 강도 둘을 예수와 함께 십자가에 못 박으니 하나는 그의 우편에, 하나는 좌편에 있더라 지나가는 자들은 자기 머리를 흔들며 예수를 모욕하여 이르되, 아하 성전을 헐고 사흘에 짓는다는 자여 네가 너를 구원하여 십자가에서 내려오라 하고 그와 같이 대제사장들도 서기관들과 함께 희롱하며 서로 말하되, 그가 남은 구원하였으되 자기는 구원할 수 없도다 이스라엘의 왕 그리스도가 지금 십자가에서 내려와 우리가 보고 믿게 할지어다 하며 함께 십자가에 못 박힌 자들도 예수를 욕하더라 제 육시가 되매 온 땅에 어둠이 임하여 제 구시까지 계속하더니 제 구시(오후 3시)에 예수께서 크게 소리 지르시되, 엘리 엘리 라마 사박다니 하시니 이를 번역하면 나의 하나님, 나의 하나님 어찌하여 나를 버리셨나이까 하는 뜻이라 곁에 섰던 자 중 어떤 이들이 듣고 이르되, 보라 엘리야를 부른다 하고 한 사람이 달려가서 해면에 신 포도주를 적시어 갈대에 꿰어 마시게 하고 이르되, 가만 두라 엘리야가 와서 그를 내려 주나 보자 하더라 예수께서 큰 소리를 지르시고 숨지시니라 이에 성소 휘장이 위로부터 아래까지 찢어져 둘이 되니라 예수를 향하여 섰던 백부장이 그렇게 숨지심을 보고 이르되, 이 사람은 진실로 하나님의 아들이었도다 하더라 (막 15:25~39)

금요일 오전 9시 ~ 오후 3시 골고다, 예루살렘 바깥

'가장 불쌍한 죽음'

우리는 이제 십자가 앞으로 왔다.

앞에서 살펴본 것처럼, 로마인들은 사람들의 두려움을 자극하는 도구로 800년 동안 십자가형을 시행했다. 십자가형은 너무나 끔찍해서 그 처형 장면을 목격한 사람들로 하여금 절대로 로마법을 위반하지 않고 싶도록 만들었다. 세네카(Seneca)는 십자가형에 대해서 말하기를, "만약 당신이 붙잡혀 십자가형에 처해질 가능성이 있다면 차라리 자결하는 게 낫다."고 했다.[12] 또 키케로(Cecero)는 십자가형을 '노예들에 대한 가장 최악의 형벌', '가장 잔인하고 역겨운 형벌'이라고 불렀고,[13] 요세푸스(Josephus)는 '가장 불쌍한 죽음'이라고 불렀다.[14]

십자가형은 사람들이 볼 수 있는 주요 도로에서 행해졌기 때문에 범죄를 억누르는 데 매우 효과적이었다. 십자가 형틀의 세로 나무

기둥은 형장에 세워져 있었다. 죄수는 태형을 받은 후 100파운드 정도의 십자가 가로 형틀을 지고 갔다. 일반적으로 죄수들은 십자가에 매달려 있거나 또는 끌어내려져서 동물들이 시신을 먹어치울 때까지 십자가 근처에 버려져 있게 된다. 일부 시신은 쓰레기 더미에 버려지기도 하고, 가족들이 요구하지 않으면 뼈가 그냥 땅에 흩어지기도 했다. 로마법에 의하면, 일반적으로 십자가형을 받는 시신에 접근하거나 시신을 가져갈 수 없었다. 하지만 예루살렘에서는 십자가형 후 시신을 매장할 수 있었다.

십자가형의 목적은 가능한 가장 오랜 시간 동안 최고의 고통을 가하는 것이다. 사형수들은 완전히 숨을 거둘 때까지 수일 동안 십자가에 매달려 있기도 했다. 형을 집행하는 로마 군인들의 편의에 따라, 손목에 못질을 가해 죄수들의 팔을 십자가 형틀에 고정하거나 또는 끈으로 묶어 고정시켰다. 반면 죄수들의 발은 항상 십자가 형틀에 못 박혔던 것 같다. 십자가에 달린 예수의 전형적인 모습은 십자가 앞쪽으로 한쪽 발이 다른 발 위에 가지런히 올려져 포개진 상태에서 큰 대못으로 못 박힌 모습으로 그려졌다. 하지만 최근 연구 결과를 보면 이런 모습은 약간 수정될 필요가 있는 것 같다.

1968년 예루살렘 근교에서 이름이 예호난(Yehonnan)으로 밝혀진 27세 정도의 남자 유골함 또는 '뼈 무더기'가 발견되었다. 이 유골함의 주인은 1세기 사람으로 추정되는데, 그의 다리뼈에는 여전히

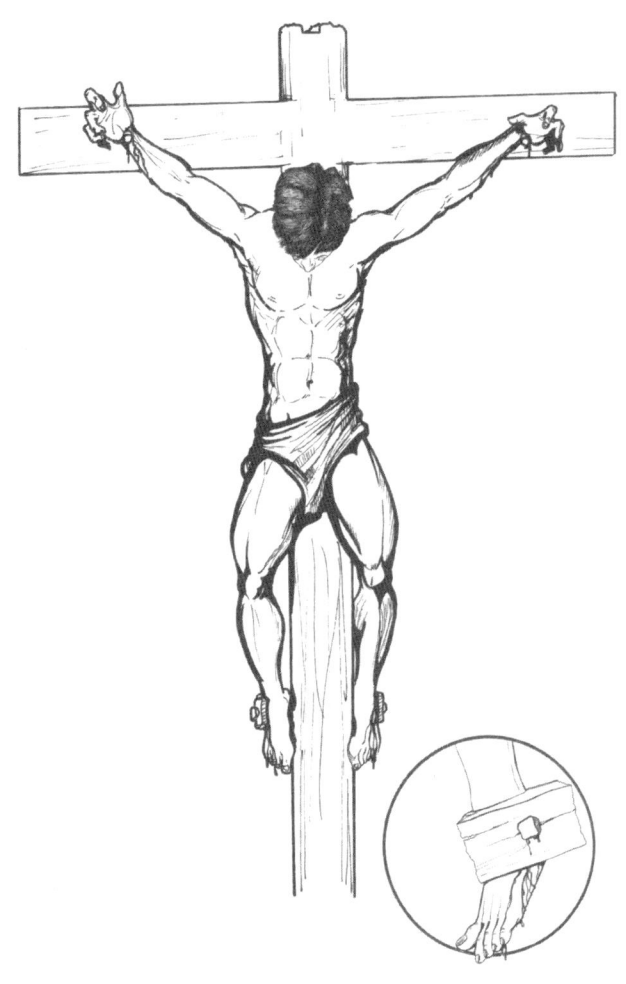

못이 관통한 상태로 남아 있었고, 그의 손목뼈에는 밧줄이 살갗을 파고들 정도로 크게 손상된 흔적이 있었다. 이것은 십자가형의 명확한 증거를 보여 주는, 첫 번째로 발견된 뼈 무더기였다. 그리고 이것은 몇몇 학자들로 하여금 십자가형에 대한 이미지를 수정하도록 야기했다. 그들은 죄수들의 다리를 구부려 양 발목을 나란히 포갠 상태에서 긴 대못으로 못 박혔다고 믿었다. 한편, 또 다른 연구들은 이 수정된 십자가형 묘사에 도전을 가했다. 예호난의 발뒤꿈치에서 발견된 못은 약 5인치 길이였다. 그 못의 머리 부분과 뼈 사이에는 죄수의 발을 압박하기 위한 나뭇조각이 있었고, 못은 먼저 나뭇조각을 관통하고, 죄수의 발목뼈, 그리고 십자가 형틀 순으로 통과했다. 이러한 배열을 더욱 면밀히 검토하면서, 학자들은 발견된 못이 두 발과 십자가 형틀을 통과할 만큼 충분히 길지 않다고 결론지었다. 그리고 이러한 결론은 죄수들의 발이 십자가 형틀 양 옆에 각각 못으로 박혀 고정되었다고 보게 하였다. 따라서 예수의 다리는 바로 이런 방식으로 십자가 형틀에 못 박혔고, 그의 팔은 묶이지 않고 못 박혔던 것이다.

사도 요한이 예수와 함께 십자가형을 받은 강도들의 다리를 부러뜨렸다고 말한 것처럼, 발견된 예호난의 다리도 부러져 있었는데, 이것은 로마 군인들이 신속하게 죽이기 위해 사용한 수단이었다. 우리는 이 방법이 어떻게 작용하는지 정확히 모른다. 아마도 이 방식이 혈액의 응고 현상을 야기하여 쇼크나 스트레스를 증가시키거나 또는 호흡 곤란을 가중시켰던 것 같다.

일반적으로 십자가에 달린 예수가 땅에서 상당히 높이 매달렸을 것이라 상상한다. 하지만 대부분의 십자가 형틀은 9인치 이하였다고 한다. 따라서 십자가 상단 부분에 죄목을 기록한 명패를 다는 공간을 고려한다면, 죄수들의 발은 기껏해야 지면에서 3인치 정도 떨어졌을 것으로 보인다. 즉, 예수는 그의 어머니 마리아, 제자 요한, 병사들, 그리고 그를 모욕하던 사람들로부터 불과 2~3인치 정도 위에 매달려 있었던 것이다. 예수와 그들은 서로의 눈을 쳐다볼 수 있었는데, 이것은 의자 위에 올라선 사람을 쳐다보는 정도의 높이로 대부분 사람들이 상상했던 것보다는 매우 가까운 거리였다.

일부 학자들은 질식사가 십자가형으로 죽은 죄수들의 보편적인 사인이라고 믿는다. 십자가에 달려 있는 상태에서는 머리를 들지 않고는 숨쉬기가 매우 어려웠다. 십자가에 매달린 시간이 오래될수록 죄수는 지치게 되고, 따라서 숨쉬기가 더욱 힘들었을 것이다. 숨은 갈수록 얕아져 결국 서서히 질식해서 죽게 되었던 것이다. 한편, 다른 이들은 과다 출혈로 인한 울혈성 심부전증(congestive heart failure)이 직접적인 사인이라고 믿는다. 출혈과 탈수 현상, 저혈량성 쇼크(hypovolemic shock)를 또 다른 사인으로 보기도 하며, 일부 사람들은 이 모든 요인이 혼합되어 작용하였을 것으로 보기도 한다. 우리가 확실히 아는 것은, 어쨌든 이 십자가형이 한 사람에게 가장 오랜 시간 동안 고통을 가해서 죽게 하는 데 아주 효과적인 방법이었다는 것이다. 예수는 그런 상태로 피 흘리고 벌거벗겨진 채로 6시간 동안 십자가에 매달려 있었다.

희생 제물로의 대속

우리는 왜 유대 지도자들, 군중, 로마인들이 예수를 십자가에 못 박고자 했는지 이해한다. 하지만 왜 예수는 이 십자가 죽음을 마치 자기 사명의 일부인 것처럼 적극적으로 자원해서 받아들였을까? 그리고 왜 하나님은 이런 비극이 발생할 것을 알면서도 예수를 보냈을까?

기독교인들은 십자가 위에서의 예수의 죽음을 하나님께서 세상을 구원하시기 위해서 일하신 역사적인 사건으로 이해한다. 바울은 로마서 5장 6~11절에서 이렇게 말한다.

우리가 아직 연약할 때에 기약대로 그리스도께서 경건하지 않은 자를 위하여 죽으셨도다 의인을 위하여 죽는 자가 쉽지 않고 선인을 위하여 용감히 죽는 자가 혹 있거니와 우리가 아직 죄인 되었을 때에 그리스도께서 우리를 위하여 죽으심으로 하나님께서 우리에 대한 자기의 사랑을 확증하셨느니라 그러면 이제 우리가 그의 피로 말미암아 의롭다 하심을 받았으니 더욱 그로 말미암아 진노하심에서 구원을 받을 것이니 곧 우리가 원수 되었을 때에 그의 아들의 죽으심으로 말미암아 하나님과 화목하게 되었은즉 화목하게 된 자로서는 더욱 그의 살아나심으로 말미암아 구원을 받을 것이니라 그뿐 아니라 이제 우리로 화목하게 하신 우리 주 예수 그리스도로 말미암아 하나님 안에서 또한 즐거워하느니라

이 본문과 로마서 5장 나머지 부분에서 바울은 우리에게 십자가상에서 예수의 죽음이 어떻게 우리를 구원하는지에 관한 몇 가지 설명을 제시한다. 히브리서와 다른 서신서들, 그리고 복음서들도 또 다른 이유를 우리에게 설명한다.

대속 교리에는 다양한 이론들이 있다. 우리는 지금까지 그 가운데 두 가지를 살펴보았는데, 하나는 인류가 당해야 할 죄의 형벌을 예수께서 대신해서 받았다고 하는 대리 이론(substitutionary theory)이고, 또 다른 하나는 예수의 고통과 죽음을 통해 인간의 죄성의 깊이와 우리를 향한 하나님의 크고 놀라운 사랑을 보여 줌으로써, 우리에게 회개케 하고 하나님을 따르고자 하는 깊은 열망을 주고자 했다는 주관적 또는 도덕적 감화 이론(Subjective or moral influence theory)이다. 이제는 필자가 희생 제물 이론(sacrificial offering theory)이라고 부르는 또 다른 대속 이론을 살펴보고자 한다.

창세기 4장에서 우리는 인간이 하나님께로 희생 제물을 가져가는

것을 본다. 인간은 감사, 헌신, 사랑, 그리고 예배의 표현으로 하나님께 곡식, 동물, 포도주, 기름, 헌금 등을 바쳤다. 그런 제물을 드리면서 신자는 하나님과 연합하였다. 우리가 십일조와 예물을 드릴 때, 그저 단순히 교회의 재정적 필요를 채우고 하나님의 호의를 얻기 위해서 드리는 것이 아니다. 비록 예물이 하나님을 향한 감사의 표시이긴 하지만, 그것은 그보다 더 많은 의미를 가진다. 온전히 하나님께 속하고, 하나님을 경외하고 사랑하며, 그분을 우리 삶에 첫 번째로 모시고자 하는 열망의 표현으로 예물을 드리는 것이다. 십일조와 예물을 드리는 것은 우리에게 예배의 행동인 것이다.

또한 희생 예물은 우리의 슬픔과 회개를 표현하는 과정의 일부다. 우리가 다른 사람에게 상처를 주었을 때, 회개와 용서를 청하거나 실수를 바로잡기 위해 할 수 있는 일을 하기 전까지는 그들로부터 단절된다. 배우자와 다투고 난 뒤 당신이 틀렸음을 깨달았을 때 당신은 어떻게 하는가? 아마 당신은 다음날 당신이 후회하고 있다는 것과 남편과 좋은 관계를 회복하고 싶다는 열망을 표현하기 위해 쪽지를 남길 것이다. 아마 당신은 아내에게 꽃을 선물하면서 미안하다고 말할 수 있을 것이다. 어쨌든 그러한 표현을 통해 당신은 당신의 죄를 속죄한다. 물론 이것은 그런 행동 표현 없이는 당신이 용서받을 수 없다는 것을 말하는 것이 아니다. 실제로 우리는 우리가 상처 준 사람에게 선물을 주지 않고도 주기적으로 용서를 받고 있다.

하지만 반성의 의미로 약소한 선물을 주는 것이 큰 차이를 가져오는 순간들이 있다.

하나님과 우리의 관계에 있어서도 우리의 죄를 인정하고, 회개하고, 잘못된 것을 바로잡는 노력이 필요하다. 구약성경에서 하나님은 사람들이 그분과의 관계를 고치고 회복시킬 수 있는 방법을 마련하셨다. 바로 속죄제와 속건제를 드림으로써 그것이 가능하게 하셨다. 만일 하나님의 뜻을 어겼다면, 당신은 하나님께 특별한 예물을 드리면서 이렇게 말하면 된다. "오 하나님, 제가 저지른 죄로 인해 죄송합니다. 부디 후회와 회개의 표현을 담은 이 예물을 받아 주십시오. 저를 용서하시고, 다시 깨끗하게 씻겨 주십시오." 그렇게 예물을 드림으로써, 사람들은 죄책감으로부터 안도감을 얻고 하나님과의 관계를 회복했다. 이것은 예배의 일상적인 부분이었다.

그리고 일 년에 한 번 대속죄일에 특별한 희생 제사를 드렸다. 성전이 있기 전에는 성막이 있었는데, 그 안에는 하나님의 보좌의 지성소가 있었다. 그곳은 휘장으로 둘러싸였고, 언약궤와 하나님의 보좌가 있었다. 일 년에 한 번 대제사장은 자신의 죄와 가족들의 죄를 위한 희생 제물로 황소를 드렸다. 그 다음 제사장은 목욕을 한 후 홀로 그 휘장 안으로 들어갔다. 그는 백성을 대신하여 염소를 희생 제물로 드렸다. "하나님이시여, 백성들을 대신하여 죽는 이 염소의 피를 받으시옵소서. 제가 백성들을 대신하여 나와 간구하오니, 그들의 죄를 용서하시고 더 이상 기억하지 마옵소서." 이것은 죄의 심각성과 용서하시고자 하는 하나님의 의지를 보여 주는 강력한 드라마다. 이 희생 제사는 속건제와 함께 하나님의 진노를 돌이키기 위한 것이 아니라, 백성들의 회개와 하나님과 화목하고자 하는 열망의 표현이다.

일단 염소 한 마리가 백성들의 죄를 위해 드려지면, 제사장은 두 번째 염소를 취하여 상징적으로 백성들의 죄를 그 염소에 덮어씌운다. 이것을 '희생양'(scapegoat)이라고 하는데, 이것은 이스라엘 진중에서 벗어나 광야로 보내진다. 그리고 백성들은 양이 멀리 떠나가 다시는 보이지 않는 것처럼, 자신들의 죄 역시 멀리 옮겨졌다고 이해한다.

희생 제물 대속 이론에서 우리는 구약의 희생 제사 제도의 렌즈를 통해 십자가를 본다. 죽음 안에서 예수는 모든 인류를 대표하는 대제사장으로서 행동한다. 복음서 전반에서 예수는 자신을 '인자'라고 칭했는데, 이것은 인류 전체를 대표하는 그의 역할을 지칭하는 명칭이다. 예수는 우리에게 하나님을 계시하신, 육체 속에 거하시는 하나님이셨다. 하지만 동시에 그는 본래 인간이 어떤 모습인가를 보여 주는, 새로운 인간을 대표하는 완전한 인간이었다. 이 능력 안에서 그는 우리의 제사장과 중보자가 되셨다. 그는 인류의 죄를 대속하고 하나님과 우리의 화해를 위해 희생 제물을 드렸다. 그는 염소나 황소를 드리지 않고, 인자와 대제사장으로서 자신을 하나님께 드렸다. 그는 본질적으로 "아버지, 이 작고 깨지기 쉽고 서로가 서로에게 상처주기 쉬운 피조물들, 서로에게 악을 행하고 하나님을 배신하는 이들을 위해, 그들의 죄를 속죄하기 위해 저 자신을 당신께 드립니다."라고 말한 것이다.

성경은 하나님의 아들 예수가 성부의 우편에 앉아 계시다고 말하고 있다. 삼위일체의 본질에 대한 정확한 설명은 다른 사람의 몫으로 남겨 두겠다. 하지만 여기서 한 가지 분명한 것은 예수 그리스도는 성부와 항상 함께 계시다는 사실이다. 성부 하나님의 임재 안에서 그리스도가 자기를 드린 희생은 결코 잊히지 않는다. 그의 상처는 그가 인류를 회복시키고 하나님과의 관계를 회복시키기 위해 지불한 대가를 영원히 상기시킨다. 그의 고결한 행동은 – 인류를 대신한 고통과 죽음 – 모든 사람을 위한 속죄의 희생 제사가 되었다. 그리고 성부는 성자의 사랑과 자기희생의 덕으로 인해 아들을 자신들의 대제사장과 구원자라고 부르는 모든 이들에게 은혜와 자비를 부여하신다. 성부 하나님은 우리의 공로 때문이 아니라 그의 사랑하는 아들이 인류를 위해서 받으신 고난과 죽음 때문에 우리에게 용서와 은혜를 베푸신다.

다시 한 번 말하면, 대속에 대한 이러한 관점은 십자가에서의 예수의 고난과 죽음이 우리를 위한 헌신과 희생임을 의미한다. 그는 우리를 위한 하나님의 자비를 얻기 위해 자신의 전부를 희생 제물로 하나님께 드렸다. 예수는 항상 성부와 함께 계시고, 따라서 지속적으로 우리를 위해 중보하고 계시다. 그는 인류를 위한 영원한 제물이시다. 그리고 그의 희생은 성부께서 결코 무시할 수 없는 고귀한 희생이다.

몇 년 전, 가족 여행을 하던 중 막내딸이 내 생일 선물로 모자를 준비하느라 자기의 용돈 전부를 썼던 적이 있었다. 딸아이는 그 모자를 나에게 주는 일에 고무되어 있었다. 막내딸이 나에게 모자를 주었을 때 나는 그 아이가 자신의 용돈 모두를 사용했다는 사실을 알았고, 감동이 되어 눈물이 핑 돌았다. 그 모자는 딸아이의 사랑의 표현이었으며, 진정한 희생이 담겨 있었다. 내 딸은 이제 성장했다. 그러나 나는 여전히 얼룩지고 더러워진 그 모자를 보물처럼 보관하고 있다. 나는 그 모자를 볼 때마다 딸아이가 나를 얼마나 사랑하는지 기억하면서 미소를 짓는다. 이것은 단지 모자일 뿐이다. 성부를 향한 헌신적인 희생 속에서 예수는 우리의 용서와 하나님의 자비를 얻기 위해 자기 자신을 바쳤다. 예수의 못 박혔던 손은 성부 하나님으로 하여금 그리스도께서 우리를 위해 행한 희생을 영원히 기억하도록 하는 것이다.

지금까지 살펴본 대속 교리 이해를 통해 우리는 예수의 고난과 죽음이 어떻게 인간에게 구원을 가져다주는지에 대한 세 가지 방식을 이해하였다. 우리는 부활절에 초점을 맞춘 이 책 마지막 장에서 또 한 가지의 대속 교리를 살펴볼 것이다. 예수의 고난과 죽음에 대한 이 같은 다양한 해석들, 그리고 심지어 신약성서의 저자들조차 서로 다르게 이해하고 있는 것처럼 보이는 사실은 아마도 하나님께서 그렇게 의도하신 것처럼 보인다. 복음서 저자들은 그리스도의 고난과 죽음이 하나님의 구원 사역의 중심임을 분명하게 이해하고 있다. 하지만 그들은 그리스도의 고난이 정확하게 어떤 방식으로 인류를 구원하는지에 대한 설명은 시도하지 않았다.

그리스도의 고난과 죽음은 여러 면에서 하나님께서 행하신 최고의 역작이다. 그것은 사람들의 삶에서 각자 다양한 타이밍에, 다양한 방식으로 의미가 전달된다. 그리스도의 고난과 죽음은 내 삶에서도 그런 식으로 다가왔다. 가끔 나는 내가 저지른 일로 인해 매우 부끄러울 때 그리스도께서 나를 위해 대신 형벌 받으신 것으로 인해 위로를 받는다. 다른 때에는 그리스도의 고난과 죽음 안에서 내 삶의 깨어짐을 본다. 그리고 나를 포기하지 않으시는 하나님의 사랑에 감격하여 놀라기도 한다. 때때로 그리스도의 십자가는 이기심 없이 온전히 나 자신을 다른 사람과 하나님의 일을 위해 헌신하도록 이끌기도 한다. 또 어떤 경우에는 예수께서 나를 위해 자신을 하나님께 드리는 것이 그려지고, 그럴 때 나는 감사와 사랑에 감동된다.

당신이 예수의 죽음을 어떻게 이해하던지 마태복음, 마가복음, 누가복음에 기록된 예수의 십자가 사건에 대한 작은 기록은 그의 죽음이 우리와 하나님과의 바른 관계를 회복하는 속죄를 가져온다는 사실을 분명히 전달하고 있다. 마가는 이렇게 적고 있다. "예수께서 큰 소리를 지르시고 숨지시니라 이에 성소 휘장이 위로부터 아래까지 찢어져 둘이 되니라(막 15:37~38)" 이 휘장은 하나님의 보좌인 지성소와 나머지 성전을 구분하는 것이었다. 이것은 오직 대제사장만 일 년에 한 번 백성들의 죄를 속죄하기 위해 안으로 들어갈 수 있었는데 예수가 운명할 때 그 휘장이 완전히 찢어졌다고 말함으로써, 그의 죽음 안에서 예수가 대제사장으로서 우리의 죄를 대속하셨다는 것을 복음서 저자가 지적하고 있는 것이다. 예수는 하나님과 인간 사이를 갈라놓았던 휘장을 찢어버렸다. 그리고 자신의 죽음을 통해 우리에게 하나님과의 화해와 속죄를 선물했다.

예수의 마지막 말씀

십자가를 떠나기 전에, 예수께서 운명하기 직전에 하셨던 마지막 말씀들에 주목해 보자. 모든 사람에게 있어 그들이 남기는 마지막 말은 특별한 의미가 있다. 나는 임종 직전의 사람들이 남은 힘을 다해 입술을 움직여 마지막으로 '사랑한다'고 말하거나 또는 마지막으로 주기도문을 함께 드리는 것을 봐 왔다.

각각의 복음서들은 예수께서 십자가 위에서 마지막으로 하신 말씀을 한두 구절씩 기록하고 있다. 물론 예수가 십자가에서 6시간 동안 달려 있었던 것을 감안하면 아마도 이보다 더 많은 말씀을 했을 것이지만, 복음서 기자들은 그들이 분명히 기억하는 것을 기록했을 것이다. 따라서 복음서에 기록된 예수의 마지막 말씀들은 특별한 의미가 있고, 각각 한 장의 분량을 할애해서 살펴볼 가치가 있다. 하지만 여기서는 예수의 마지막 말씀들이 우리에게 가르치는 것이 무엇인지에 대해 간단히 살펴보고자 한다. 그리고 내가 생각했을 때 예수께서 실제로 말씀했었을 것 같은 순서에 따라서 이것을 다루려고 한다.

"보라 네 어머니라" (요 19:27)

요한은 예수께서 십자가 위에서 그의 어머니가 곁에 서 있는 것을 바라보았다고 말하고 있다. 상상하기에 그녀는 예수가 십자가에 달려 있는 6시간 내내 울며 거기 서 있었을 것 같다. 우리가 알기에는 12제자 중 한 사람만 십자가 발 곁에 서 있었고, 대체로 그는 '사랑받는 제자'로 불리는 요한 자신으로 알려져 있다. 예수는 십자가에서 벌거벗긴 채로 고통당하는 동안 자신보다 자기 곁에 서 있는 어머니를 생각했다. 그는 자기가 죽은 뒤의 어머니의 삶에 대해 걱정했다. 이것은 예수의 인간애와 그의 어머니, 그리고 어머니를 부탁한 제자에 대한 깊은 사랑과 신뢰를 보여 주는 아름다운 장면이다.

"아버지 저들을 사하여 주옵소서 자기들이 하는 것을 알지 못함이니이다"(눅 23:34)

이는 죽어 가는 사람의 입에서 나온 말 가운데 가장 숭고하고 장엄한 말이다. 이 말은 사도행전 7장 60절에서 스데반 집사가 순교할 때 다시 한 번 메아리쳤다. 예수는 십자가에서 그의 옷을 제비 뽑는 병사들과 그를 혐오하며 손가락질하는 제사장들, 그리고 그를 모욕하며 소리치는 군중과 십자가 좌우편에서 그를 조롱하는 강도들을 바라보았다. 이 순간, 인간 속에 있는 악이 최고의 절정을 이룬 것처럼 보였다. 하나님으로서, 예수는 하늘의 천군천사를 동원하여 그들 모두에게 보복할 수 있었다. 하지만 그렇게 하는 대신에 그는 모든 것을 내려놓고 남은 힘을 모두 동원하여 조롱하고 십자가에 못 박은 사람들을 위해 다음과 같이 기도했다. "아버지 저들을 사하여 주옵소서 자기들이 하는 것을 알지 못함이니이다" 그 순간 예수의 마음속에 있던 것은 우리가 보지 못하고 어리석고 불쌍한 피조물이라는 사실이었고, 이것은 예수로 하여금 십자가에서 우리를 위한 자비를 부르짖도록 만들었다.

어떻게 이것이 가능했을까? 여기서 우리는 다시 한 번 예수의 명확한 자기 사명 이해를 엿볼 수 있다. 그의 죽음은 목적이 있는 것이었다. 심지어 대적들이 그를 조롱하고 가장 고통스러운 죽음으로 몰고 갈 때도 예수는 우리가 용서받기를 기도했다. 바로 이것이 우리를 위해 중보하고 계신 대제사장 예수 그리스도시다. 예수는 심지어 그에 대한 고문도 용서받길 바랐다. 예수의 이 기도가 군중에게 어떤 영향을 주었을지 상상해 보라. 적어도 그들은 잠깐 동안 조용해지고 부끄러움을 느끼지 않았을까 생각된다. 내 생각에 그 중 몇몇 사람은 예수의 이 말씀(기도)를 들었던 순간을 영원히 잊지 못했을 것이다.

"오늘 네가 나와 함께 낙원에 있으리라"(눅 23:43)

예수께서 십자가에 못 박히실 때, 로마 군병들은 두 명의 강도를 예수의 좌우편에 함께 못 박았다. 예수와 함께 끔찍한 고통 속에서 죽어 가던 강도 가운데 한 명은 예수를 조롱하던 군중에 동조했다. 그러나 또 다른 한 명은 예수께서 자신을 십자가에 못 박고 조롱하는 사람들을 위해 기도하시는 소리를 듣고는 깜짝 놀라면서 부끄러움을 느꼈다. 그 순간 그의 감겼던 눈이 열리면서 예수가 평범한 범죄자가 아님을 볼 수 있었다. 그는 예수의 특별한 본성을 이해했다. 다른 강도가 계속해서 예수를 모욕하자, 그는 이렇게 말했다. "그만 둬! 자네는 보이지 않는가? 우리는 죽어 마땅하지만 이 사람은 그렇지 않아. 그는 결백하다고!(눅 23:40~41, 수정 인용)" 그리고 그는 예수를 향하여 이렇게 말했다. "예수여 당신의 나라에 임하실 때에 나를 기억하소서(눅 23:42)" 그러자 예수는 고개를 들고 대답했다. "오늘

네가 나와 함께 낙원에 있으리라"(눅 23:43)

나는 이 부분을 매우 좋아한다. 십자가에 달려 있는 예수는 여전히 잃어버린 자를 찾고 계셨던 것이다. 이 죄인은 신학을 이해하지도, 성경을 알지도 못했다. 또 사도신경을 암송하지도 않았다. 그는 교회에 출석하거나 세례를 받지도 않았다. 그에게는 자신의 과거 삶을 깨끗케 하기 위해 의로운 일을 할 수 있는 기회도 없었다. 이 강도가 가장 기초적인 단계에서 예수의 나라에 대한 비전을 붙잡고 혹시라도 자기도 그 나라에 참여할 수 있냐고 예수께 물었을 때, 그는 자신의 범죄로 인해 십자가에 매달려 있었다. 그리고 그것으로 충분했다. 실제로 그는 "지금 나는 당신이 누구인지 보입니다. 나는 당신을 따르고자 합니다."라고 말했던 것이다. 십자가에 달려 있던 강도에게 있어 이것은 충분한 출발점이 되었다. 우리도 주님을 바라보면서 이렇게 고백할 수 있다. "예수님, 당신의 나라에 들어가실 때 저를 기억하여 주옵소서. 당신을 따르고 싶습니다. 제가 그렇게 할 수 있도록 도와주세요."

예수를 깎아내리려고 했던 사람들은 예수를 "세리와 죄인들의 친구(마 11:19; 눅 7:34)"라고 불렀다. 예수는 죽음을 맞이하기 한 주 전에 "인자가 온 것은 잃어버린 자를 찾아 구원하려 함이니라(눅 19:10)"고 말했다. 그는 공생애의 상당한 시간을 버려진 자, 세리, 창기들과 함께 보냈고, 두 명의 강도 사이에서 죽었다. 그 중 한 명은 하나님의 아들로부터 지근거리에 매달려 있으면서도 여전히 죄로 인해 소경이 되었다. 그러나 나머지 한 명은, 그의 옆에 매달려 있는 동안 예수 안에서 하나님의 영광의 광채와 사랑을 보았다. 그리고 예수께 자신을 의탁했다. 이 사람을 향한 예수의 말씀은 하나님의 자비와 구원의 특성과 크기를 잘 보여 준다

"나의 하나님, 나의 하나님, 어찌하여 나를 버리시나이까"(마 27:46; 막 15:34; 시 22:1 참조)

시간은 계속 흐르고, 예수는 여전히 고통 속에서 십자가에 달려 있었다. 그 시간 동안 성부 하나님은 침묵하셨다. 예수께서 입을 여셨을 때, 우리는 희망이 아닌 절망의 소리를 듣는다. 마태와 마가는 모두 예수의 이 말씀을 기록했다. 어떤 이들은 이 말씀을 진정 한 사람의 분명한 외침으로 듣고 해석한 반면, 십자가 근처에 있던 사람들 가운데 일부는 이 말씀을 혼동했다.

예수는 "나의 하나님, 나의 하나님, 어찌하여 나를 버리시나이까!"라고 소리쳤다. 이 말이 어떤 이에게는 좀 불편하게 들릴 수도 있다. 그 순간 정말 예수가 하나님께 버림받았다고 느꼈을까? 하나님이 아들을 버리려고 하셨나?

어떤 이들은 예수의 이 말을, 그 순간 하나님께서 세상의 모든 죄를 예수에게 담당하게 했고, 그 결과 죄를 간과할 수 없는 하나님으

로 하여금 얼굴을 돌리시게 했다는 식으로 설명한다. 나는 이 설명이 완전히 잘못된 설명이라고 생각한다. 이것은 예수께서 십자가 위에서 인류의 죄를 짊어지고 있다는 관점을 너무 문자적으로 해석한 것이다. 과연 하나님께서 정확히 무엇을 예수에게 짊어지게 하셨는가? 그것은 어떠한 모습인가? 더 중요한 질문은, 과연 예수께서 가장 위대한 구원의 행동을 하는 순간에 성부께서 정말로 아들로부터 얼굴을 돌리셨을까? 이것은 생각하기 어려운 일이다. 나는 예수가 십자가에 달려 있는 동안 하나님께서는 결코 그에게서 얼굴을 돌리지 않으셨을 것이라 믿는다. 성부 하나님은 성자와 함께 고통 받으셨다.

만일 예수의 외침이 아버지의 얼굴 돌리심 때문이 아니라면, 왜 소위 '버림받음의 부르짖음'(cry of dereliction)이라고 불리는 말을 하셨을까? 정말 하나님이 버리셨을까?

우리가 예수의 이 말(외침) 속에서 발견할 수 있는 것은, 그의 인간성이다. 그 순간 예수가 경험한 것은 우리 대부분이 삶에서 직면하는, 곧 하나님이 침묵하시는 것 같은 순간에 버려졌다고 느끼는 그 패배의 감정이다. 고통과 의심이 몰려오고 하나님의 임재를 전혀 느끼지 못한다. 하나님께서 그 상황을 어떻게 선하게 바꾸실지 우리는 보지 못한다. 하나님은 멀리 계시고, 기도는 응답되지 않는 것만 같다. 하나님의 임재 안에 느꼈던 기쁨은 사라져 버렸다. "이 잔을 내게서 지나가게 하옵소서(마 26:39)"라는 기도가 무엇인지 예수께서 아신다는 사실에 감사하다. 그리고 예수께서 "나의 하나님 나의 하나님 어찌하여 나를 버리시나이까"라고 외칠 수밖에 없는 처지에 서셨다는 것을 생각하면 더욱 크게 감사하게 된다. 예수 스스로 그러한 절망을 경험하셨기에, 당신과 내가 절망의 시기에 있을 때 우리가 어떤 마음일지 잘 아신다. 예수께서 그런 절망감을 느끼셨다는 사실은 우리가 절망의 시기를 통과할 때에 우리에게 위로를 준다. 그리고 예수께서 결국 그 절망에서 벗어나셨다는 것과 그가 그렇게 느꼈지만, 실제로는 하나님께 버림받지 않았다는 사실을 기억할 때 큰 소망을 갖게 된다.

한편 이 외침을 부르짖을 때, 예수가 시편 22편 1절을 인용했다는 사실은 눈여겨볼 부분이다. 이것은 예수의 기도생활에 있어 시편이 매우 중요한 역할을 했다는 사실과 또 시편 기자 역시 하나님께 버림받은 것 같은 느낌을 경험했음을 상기시켜 준다. 나는 당신이 시편 22편 전체를 묵상해 보길 바란다. 이것은 십자가에서의 예수의 경험을 계속적으로 비춰 준다. 사실 예수께서 시편을 인용하여 부르짖은 것은, 제자들로 하여금 그 시편을 읽도록 자극하기 위함이었다. 예수께서는 왜 이 시편 구절을 인용하셨을까? 우리는 이 시편 22편이 승리와 소망으로 끝맺음하고 있다는 것에 주목할 필요가 있다. 24절에 다음과 같이 기록돼 있다.

그는 곤고한 자의 곤고를 멸시하거나
싫어하지 아니하시며
그의 얼굴을 그에게서 숨기지 아니하시고
그가 울부짖을 때에 들으셨도다

시편은 계속 다음과 같이 이어진다.

진토 속으로 내려가는 자
곧 자기 영혼을 살리지 못할 자도
다 그 앞에 절하리로다
후손이 그를 섬길 것이요 대대에 주를 전할 것이며
와서 그의 공의를 태어날 백성에게 전함이여
주께서 이를 행하셨다 할 것이로다

시편 기자와 마찬가지로, 예수는 진정으로 절망과 버려졌다는 느낌을 경험했다. 하지만 시편 22편을 인용했다는 것은 예수가 시편 기자가 가졌던 믿음을 가지고 있음을 보여 준다. 즉 비록 하나님이 자신을 버린 것 같은 느낌을 경험했지만, 예수는 여전히 하나님께서 궁극적으로 자신을 구원하실 것임을 신뢰했다.

"내가 목마르다" (요 19:28)

고통과 아픔의 시간은 계속되어 운명의 순간으로 향하고 있었다. 예수는 피를 많이 흘려 탈진했다. 그는 전날 저녁 최후의 만찬 이후 아무것도 먹거나 마시지 않았다. 생명의 기운이 서서히 빠져 나가고, 그의 입술은 타 들어갔다. 요한은 이때 예수께서, "내가 목마르다"라고 말씀한 것을 기록했다.

요한복음에는 모든 것이 두 단계로 기록되었다. 여기서 예수의 말씀도 표면적인 의미와 더 깊은 의미를 가지고 있다. 그는 탈진하고, 고통스러운 갈증을 느끼고, 혀가 입천장에 붙는 고통을 느끼는 인간이었다. 하지만 여기서 우리는 예수께서 목마름을 느끼셨던 또 다른 때를 기억해야 한다. 요한복음 4장에서 예수가 사마리아를 통과할 때 그는 한 우물에 이르렀고 거기서 그 마을에 사는 한 여인을 만났다. 예수는 그녀에게 "물을 좀 달라(요 4:7)"고 말했다. "사마리아 여자가 이르되 당신은 유대인으로서 어찌하여 사마리아 여자인 나에게 물을 달라 하나이까 하니 이는 유대인이 사마리아인과 상종하지 아니함이러라 예수께서 대답하여 이르시되 네가 만일 하나님의 선물과 또 네게 물 좀 달라 하는 이가 누구인 줄 알았더라면 네가 그에게 구하였을 것이요 그가 생수를 네게 주었으리라 … 내가 주는 물을 마시는 자는 영원히 목마르지 아니하리니 내가 주는 물은 그 속에서 영생하도록 솟아나는 샘물이 되리라(요 4:9~10, 14)" 예수께서 말한, "내가 목마르다"는 말은 읽는 사람의 마음속에 슬픔으로 파고 든다. 다시는 영원히 목마르지 않게 하는 생수의 근원이신 예수 자신이 목마르게 되었다. 영원한 샘물이 말라가고, 그의 생명이 빠져 나가고 있었던 것이다.

요한복음은 다른 복음서들과 마찬가지로, 십자가 근처에 있던 누군가가 예수께 신포도주를 가져다주었다고 말하고 있다. 하지만 오직 요한복음에서만 이 사람이 신포도주를 적신 해면을 우슬초 가지에 매어 예수의 입술에 가져다주었다고 말하고 있다. 다시 한 번 우리는 요한이 중요한 것을 보여 주기 위해 좀 더 상세한 정보를 제공하고 있음을 발견할 수 있다.

하나님은 애굽 사람들에게 재앙을 내리시기 전, 이스라엘 백성에게 집 문설주에 유월절 양의 피를 뿌릴 때 우슬초 가지를 사용할 것을 명하셨다. 문둥병자들을 정결하게 하기 위해 피와 물을 뿌릴 때 사용한 것(레 14장)도, 부정한 자를 정결하게 할 때 사용한 것(민 19장)도 바로 이 우슬초였다. 시편 51편에서 다윗이 죄 고백의 기도를 드리며 부르짖을 때도 그는 "우슬초로 나를 정결케 하소서"라고 고백했다. 히브리서 저자도 "모세가 율법대로 모든 계명을 온 백성에게 말한 후에 송아지와 염소의 피 및 물과 붉은 양털과 우슬초를 취하여 그 두루마리와 온 백성에게 뿌리며 이르되 이는 하나님이 너희에게 명하신 언약의 피라(9:19~20)"고 기록하고 있다. 비록 요한이 "이것은 죄 사함을 얻게 하려고 많은 사람을 위하여 흘리는 바 나의 피 곧 언약의 피니라(마 26:28)"는 예수의 말씀을 포함시키지는 않았지만, 예수의 목마름을 위해 우슬초 가지를 사용해 포도주를 제공했다는 상세 정보를 포함시킨 것은, 독자들이 이 언약의 피에 대한 개념을 바로 이해하고 기억하도록 하기 위한 의도였다.

"아버지 내 영혼을 아버지 손에 부탁하나이다"(눅 23:46)

시편 22편과 마찬가지로, 하나님이 어디에도 계시지 않는 것 같다고 불평하는 대부분의 슬픔의 시편들은 믿음의 재확인으로 결말을 맺는다. 불평하는 시편으로 기도하는 행동 자체가 믿음의 재확인이다. 당신 삶에 어둠이 가득한 것 같을 때 하나님께 말하고 불평하는 데에는 믿음이 필요하다. 누가복음에 기록된 십자가에서의 예수의 마지막 말씀은 하나님에 대한 완전한 신뢰를 보여 준다. "아버지, 내 영혼을 아버지 손에 부탁하나이다!" 이것은 또한 우리가 두려워할 때, 병들었을 때, 그리고 내 자신이 죽음에 직면했을 때 드리는 기도의 모델이다. 즉 "오! 하나님 당신께 저를 드립니다. 살았을 때에나 죽을 때, 좋을 때나 나쁠 때, 제가 어떤 상태에 있든, 무엇을 소유하든, 저 자신을 하나님 당신의 손에 의탁하오니 보호하소서." 라고 기도하는 것이다.

"다 이루었다" (요 19:30)

이어서 예수는 마지막으로 "다 이루었다"라고 말씀하시는데, 이것은 절망의 외침이 아닌 승리의 외침이었다. 이 말에는 확신이 들어 있다. 지금 예수는 그가 온 목적을 완성했다. 계획이 성취되었고, 구원이 가능해졌다. 그가 우리의 자리를 대신했다. 그는 인간의 깨어짐과 하나님의 사랑 모두를 보여 주었다. 인간을 위한 희생물로서 자신을 완전히 하나님께 드렸다. 그가 죽으면서 모든 것이 완성되었다. 그리고 이 말씀과 함께 이 지구에 존재했던 가장 고상한 분, 육체로 오신 하나님은 마지막 숨을 거두셨다.

십자가 이야기 속에서 자기 발견하기

이 십자가 장면을 떠나기 전, 나는 당신이 십자가 발 앞에 있던 병사들에 대해 생각해 보길 권면한다.

누가와 요한은 일부 병사들이 예수의 옷을 나눠 가지기 위해 제비뽑기를 하느라 분주했다고 말하고 있다. 그 병사들은 예수께서 죽어 가는 모습을 보았다. 그러나 지금 어떤 일이 일어나고 있는지 이해하지 못했다. 그들의 제한적인 눈은 고작 예수의 옷에 가치를 둘 뿐이었다. 바로 그 순간 예수께서 주시는 영원한 생명이라는 무한한 가치를 잃어버리면서 말이다. 하지만 마가는 '예수를 바라보고 있던' 한 병사에 대해 기록하고 있다. 그는 예수의 마지막 말씀을 들었고, 예수가 어떻게 마지막 숨을 거두는지를 보았다. 십자가형이 집행되는 6시간 동안의 모든 일을 목격한 이 병사는 "이 사람은 진실로 하나님의 아들이었도다(막 15:39)"라고 중얼거렸다.

나는 이 이야기 안에서 당신 자신을 발견하도록 초청한다. 당신은 십자가의 권능과 신비, 경이로움을 놓친 채 단지 얼마 안 되는 헝겊 몇 조각을 얻기 위해 제비뽑기에 열중하는 병사들처럼 되고 싶은가? 이 책을 다 읽은 뒤 또다시 옷, 자동차, 휴가, 지위 등과 같은 세속적인 것을 얻기 위해 다시 돌아갈 것인가, 아니면 예수의 생애 마지막 몇 시간 동안 일어났던 모든 사건을 자세히 목격한 후 마음이 감동되어 "참으로 이 사람은 하나님의 아들이었도다!"라고 고백하는 병사가 될 것인가?

승리자 그리스도

7

승리자 그리스도

안식일이 지나매 막달라 마리아와 야고보의 어머니 마리아와 또 살로메가 가서 예수께 바르기 위하여 향품을 사다 두었다가 안식 후 첫날 매우 일찍이 해 돋을 때에 그 무덤으로 가며 서로 말하되 누가 우리를 위하여 무덤 문에서 돌을 굴려 주리요 하더니 눈을 들어본즉 벌써 돌이 굴려져 있는데 그 돌이 심히 크더라 무덤에 들어가서 흰 옷을 입은 한 청년이 우편에 앉은 것을 보고 놀라매 청년이 이르되 놀라지 말라 너희가 십자가에 못 박히신 나사렛 예수를 찾는구나 그가 살아나셨고 여기 계시지 아니하니라 보라 그를 두었던 곳이니라(막 16:1~6)

토요일 오전 6시 **예루살렘 근처, 어느 텅 빈 무덤**

첫째 날

우리는 갈보리 십자가 위 예수의 죽음 안에서 군인과 범죄자들, 그리고 미련한 군중과 행인들의 아우성치는 소음 속에서 악이 최종적으로 승리하는 것처럼 보이는 것을 목격했다. 예루살렘 성문 밖 한 언덕에서 인간 되신 하나님이 6시간 동안 십자가에 못 박혀 있던 이 사건은 우리가 상상할 수 있는 모든 추악과 폭력의 최고 정점을 보여 주었다.

십자가에 가 보지 않고서는 부활절을 진정으로 이해할 수 없다. 지옥 자체를 통과하고, 가장 깊은 어두움 속에 들어가 보기 전까지는 부활절의 권능을 이해하는 것은 우리의 이해를 초월하는 일이다. 갈보리 십자가에 나타난 악의 최고 극치와 죽음의 분명한 승리를 목격한 후에야 우리는 부활절이라는 승리를 이해하기 시작할 수 있다.

예수는 금요일 오후 3시경에 돌아가셨다. 유대의 유월절은 3시간 후인 일몰에 시작되었고(유대인의 날짜는 일몰을 기점으로 바뀐다.), 이 유월절은 그들에게 아주 중요하였다. 유대 지도자들은 십자가에서 처형된 시신들이 십자가에 계속 매달려 있는 것을 바라지 않았다. 그래서 빌라도에게 죄수들의 다리를 꺾어 죽음을 앞당겨 줄 것을 요청했다. 이에 로마 병사들은 두 강도의 다리를 꺾은 뒤 예수에게 다가갔으나 예수는 이미 숨을 거둔 상태였다.

대략 일몰 두 시간 전쯤, 예수와 두 강도는 십자가 형틀에서 끌어 내려졌다. 그런데 유대인의 규율에 따르면 안식일에 시신을 매장하는 것은 금지된 일이었다. 따라서 예수의 시신을 매장하기 위해 준비할 시간적 여유는 매우 촉박했다. 예수의 제자들은 모두 흩어졌다. 그런데 사복음서 모두는 예수를 따랐던 사람들 중 아리마대 요셉이라는 사람이 용기 있게 빌라도를 찾아가 예수의 시신을 매장하게 해 달라고 요청했고, 빌라도가 이 요청을 승낙했다고 말한다.

마가는 요셉을 "존경받는 공회원(막 15:43)"이라고 소개하고 있는데, 여기서 공회는 예수가 죽어 마땅하다고 정죄했던 산헤드린 공회를 말한다. 한편, 마태는 요셉을 "부자"이면서 "예수의 제자(마 27:57)"라고 설명하고 있다. 또 누가는 요셉을 "공회 의원으로 선하고 의로운 사람이 있으니 그들의 결의와 행사에 찬성하지 아니한 자(눅 23:50~51)"로 묘사하고 있다. 그리고 요한은 요셉이 "예수의 제자이나 유대인이 두려워 그것을 숨겼다(요 19:38)"고 말하고 있다. 이 모든 것을 종합해 보면, 오직 가난하고 무식한 '죄인들'만 예수를 따랐다는 주장은 사실이 아님을 알 수 있다. 그리고 당시 유대의 모든 종교 지도자들이 예수가 죽기를 바랐던 것이 아님을 알 수 있다.

자신이 예수의 제자라는 사실이 공개적으로 밝혀지는 것을 두려워했던 요셉의 모습은 내가 알고 있는 어떤 사람들의 모습과 비슷하다. 그들은 만일 자신이 신앙을 진지하게 고려하는 사람이라는 사실이 밝혀지면 다른 사람들이 자신을 어떻게 생각할지에 대해 두려워하였다. 만일 부자이면서 유대 공동체에서 존경받던 요셉에게 자신이 예수의 제자임이 밝혀졌을 때에 치러야 할 대가가 있었다면 무엇이었을까? 반대로 만일 요셉이 여러 어려움에도 불구하고 자신은 예수를 지지한다고 공개적으로 선언했다면, 다른 사람들에게 어떤 영향력을 발휘할 수 있었을까? 또 지금까지 일어난 상황들은 어떻게 달라졌을까?

당신은 어떤 점에서 요셉과 닮았는가? 당신은 다른 사람들이 당신을 어떻게 생각할지 두려워서 '숨은 제자'(secret disciple)로 살았던 적은 없는가?

예수가 죽었을 때 요셉의 두려움은 완전히 사라졌고, 그는 예수의 장사를 준비했다. 요셉은 이 일을 위해 숨어 있던 또 다른 제자인 니고데모(요 19:39)와 협력했는데, 그 역시 "유대인의 지도자(요 3:1)"였다. 니고데모는 몰약과 침향 섞은 것을 약 100파운드 정도 가지고 왔다. 그리고 (수 시간이 소요되는) 모든 장례 절차를 다 행할 시간적 여유가 없었던 두 사람은 예수의 시신을 재빨리 닦고 세마포로 쌌다. 마태는 이후 요셉이 "바위 속에 판 자기 새 무덤"에 예수를 두었다고 말하고 있는데, 요한은 이 무덤이 예수가 십자가에 못 박힌 장소에서 가까운 동산에 있었다고 기록하고 있다. 그리고 요셉은 큰 돌을 굴려서 무덤 입구를 막았다.

복음서의 기록들을 종합해 보면, 예수의 시신을 매장하는 데 참여한 사람의 숫자는 총 4명이었다. 요셉과 니고데모, 그리고 예수를 따라왔던 두 명의 여자인 막달라 마리아와 또 다른 마리아가 용감하게 이 일에 참여했다. 사도들은 혹 자신도 붙잡혀서 예수와 똑같은 운명이 될까 봐 두려워 굳게 잠긴 문 뒤에 숨어 있었다.

일몰과 함께 유월절이 시작되었다. 다른 이들이 축제를 누리는 동안 예수를 알고 사랑했던 사람들은 그들이 목격했던 것으로 인해 놀라움과 큰 충격에 빠져 있었다.

둘째 날

우리는 예수의 십자가 처형과 시신 매장 이후인 금요일 밤부터 토요일 낮까지 어떤 일이 있었는지에 대한 기록을 가지고 있지 않다. 다만 복음서의 기록들을 토대로 상상하거나 보충할 수 있을 뿐이다. 마태(27:62~66)는 빌라도가 바리새인들로부터 평소 예수가 죽음에서 살아날 것이라고 말했다는 것을 듣고 무덤을 지키는 경비병을 두었다고 말한다. 그들은 혹시라도 제자들이 예수의 시신을 가져간 뒤 그가 살아났다고 주장할 수도 있음을 염려했다. 누가는 "계명을 따라 안식일에 쉬더라(23:56b)"라고 단순하게 기록하고 있다. 요한(20:19)은 더 자세한 정보를 제시하고 있다. 일요일 날 제자들은 혹시 붙잡힐 수도 있다는 두려움에 굳게 문을 잠근 채 어느 집 안에 머무르고 있었다고 기록하고 있는데, 아마도 그들은 금요일 이후로 쭉 이곳에 숨어 있었던 것 같다. 어떤 사람들은 당시 제자들이 숨어 있던 장소는 목요일 저녁 예수와 마지막 유월절 만찬을 나눴던 '다락방'이고, 훗날 오순절에 제자들이 성령의 기름 부음을 받은 장소도 동일한 이 다락방이었을 것이라고 추정한다.

당시 제자들의 심령이 얼마나 깊은 나락에 빠져 있었을지 추측하는 것은 결코 어려운 일이 아니다. 예수의 십자가 처형 장면은 그들에게 큰 두려움을 가져다주었다. 뿐만 아니라 제자들에게는 큰 죄책감도 있었다. 왜냐하면 예수를 배반한 것이 가룟 유다만이 아님을 너무나 잘 알고 있었기 때문이다. 심지어 베드로는 예수를 알지도 못한다고 부인하고 난 다음 대제사장의 집 뜰에서 예수와 눈이 마주쳤던 순간을 결코 떨쳐버릴 수가 없었다(눅 22:54~62). 나머지는 예수가 가장 필요로 하는 순간 모두 도망쳐 버렸다. 오직 요한만 십자가 근처에 있었을 뿐, 나머지 제자들은 먼 거리에서 예수의 십자가 처형 모습을 지켜봤다. 예수의 시신을 매장할 때는 아무도 나타나지 않았다. 그들은 이런 자신들이 겁쟁이처럼 느껴졌다.

하지만 죄책감과 두려움이 전부가 아니었다. 제자들은 예수를 따르기 위해서 모든 것을 버렸다. 그들은 예수가 이스라엘을 회복할 메시아라고 믿었다. 하나님께서 권능으로 예수와 함께 계시고, 예수가 '생명의 말씀'을 가지고 있었다고 믿었다. 예수 안에서 그들은 인격화된 선을 보았다. 예수는 그들에게 사랑과 자비, 은혜를 보여주었다. 그런데 상상할 수 없는 일이 일어났다. 스스로 의롭다고 주장하는 사람들을 통해 악이 선을 패배시켰다. 로마 병사들이 하나님의 메시아를 패배시켰다. 제자들의 왕은 죽고 말았고, 그들의 희망과 꿈, 심지어 믿음까지도 예수와 함께 십자가에 못 박히고 말았다. 그들은 그야말로 극심한 절망감에 빠지게 된 것이다.

예수가 죽은 뒤 둘째 날 동안의 제자들을 생각할 때, 나는 젊은 자녀를 잃은 어느 가족과 함께 앉아 있었던 시간, 친구의 생명 보조 장치가 제거되었을 때 병원 대기실에 앉아 있던 20여 명의 청소년들과 함께 있었던 시간, 그리고 살해당한 젊은 여인의 가족과 함께 있는 동안 간헐적인 흐느낌으로 고요함이 깨어지던 때 등이 생각난다. 예전이나 지금이나 이 같은 시간 동안 '평상'으로 돌아가고자 하는 시도가 있다. 하지만 슬픔의 무게가 짓누를 때는 그 어떠한 노력도 죽음의 그늘막과 깊은 절망감에서 끌어올릴 수 있는 것은 없다.

바로 이것이 둘째 날, 즉 어떤 사건이 발생한 다음날의 모습이며, 우리 모두는 이 둘째 날을 경험하게 될 것이다. 이것은 암 진단 판정을 받은 다음날이나 배우자가 당신의 마음을 찢어버리고 집을 나가버린 다음날이다. 또 당신을 상대로 법적 소송이 들어오고 판결을 받은 다음날이다. 이것은 9·11 테러 다음날, 즉 계속 참담한 뉴스가 이어지고 당신의 삶이 완전히 바뀌었음을 깨달은 다음날이다. 이것은 세상이 너무 어둡고 그 어디에서도 희망을 찾아볼 수 없는 것처럼 보이는 다음날이다.

하지만 이런 날에도 이따금씩 제자 중에 한 사람이 "예수가 고래의 배에서 사흘 동안 머물렀던 요나에 대해 말한 뜻은 무엇이었을까?"라고 말하고, 다른 편에서는 그 말을 묵살하였을 것이다. 그런 다음 또 다른 제자가 "그가 성전이 헐리고 제 삼일에 다시 지어질 것이라고 말하지 않았는가? 혹시 이것은 그의 생명의 부활을 말하는 것이 아닐까?"라고 말하는 소리가 들리고, 이에 대해 다른 제자들은 "하지만 그것은 그가 의도한 바가 아니야."라고 대답했을 것이다. 하지만 여전히 어떤 제자는 "나는 분명히 그가 인자가 죽음에 내어지지만, 다시 살아날 것이라고 말씀했었던 것을 기억하고 있네!"라고 말했을 것이다.

예수가 이런 말씀을 했을 때, 이것들은 완전히 이해되지 않았고 지금 이 순간에도 모호한 것처럼 보인다. 4명의 사람은 예수의 학대받은 몸이 무덤에 묻힌 모습을 보았다. 하지만 그런 그가 다시 돌아온다는 것은 이해 불가능한 일이었다.

'지옥에 내려가시다'

과연 예수의 영은 이 둘째 날에 무엇을 하고 있었을까? 안식일 날 그의 육체가 무덤에 누워 있는 동안 그는 쉬고 있었을까? 또는 어느 사도신경의 버전 내용대로 '지옥'에 내려갔었을까?

중세 영어 표현으로 '지옥의 정복'(harrowing of hell)으로 알려진 교리에 의하면, 예수는 죽음의 순간 구약성서에서 '스올'(Sheol)로 불리는 죽은 자들의 거처로 내려갔고, 거기서 의롭게 죽은 자들이 천국으로 올라갈 수 있도록 자유하게 하고, 또 복음을 한 번도 들어보지 못한 자들에게 복음을 전파했다고 한다. 이러한 개념의 성경적 기원은 베드로전서 3장 18b~19절, 4장 6절에서 찾을 수 있다. "육체로는 죽임을 당하시고 영으로는 살리심을 받으셨으니 그가 또한 영으로 가서 옥에 있는 영들에게 선포하시니라(3:18~19)", "이를 위하여 죽은 자들에게도 복음이 전파되었으니"(4:6)

학자들이 이 구절들의 의미에 대해 논쟁하고 있지만, 이 구절들은 예수가 그 토요일에 무엇을 하고 있었는지에 대해 우리에게 무언가를 알려 주고 있다고 보인다. 아마도 예수는 죽은 자들의 세계에서 그가 지상에서 행하고자 했던 "잃어버린 자를 찾아 구원하는(눅 19:10)" 사역을 했을 것이다. 즉, 위의 교리와 구절들은 하나님으로부터 분리된 사람들을 찾아 구원하고자 하는 예수의 깊은 열정을 보여 준다.

마태는 십자가 사건을 다루면서, 예수가 죽었을 때 어떤 죽은 자들이 다시 살아나서 "많은 사람에게 보이니라(마 27:50~53)"는 흥미로운 이야기를 전하고 있는데, 이것 또한 예수가 스올의 세계에 있는 의로운 자들을 자유롭게 했다는 개념의 성경적 근거가 될 수 있다. 몇몇 학자들은 여기서 더 나아가 예수가 사단이 지배하던 지하 세계에 직접 들어감으로써, 사단을 패퇴시켰다고 주장한다. 단, 이때 사단의 존재 자체를 파괴한 것이 아니라 사단의 힘을 훨씬 능가하는 예수의 권능을 보여 주는 방식으로 사단을 패퇴시켰다고 본다. 심지어 마틴 루터도 그의 저서 「견고한 선포(Solid Declaration)」에서 예수가 죽은 자들에게 내려가심으로써 악마가 정복되었다고 말하고 있다. 루터는 "우리는 하나님이시며 온전하신 인간 예수가 장사된 뒤 지옥으로 내려가 마귀를 정복하고, 지옥의 권세를 파괴하고, 마귀의 모든 권세를 빼앗았다고 단순하게 믿는다."라고 쓰고 있다.15) 이 두 가지 개념은 지옥문이 부서지고 예수가 아담과 하와 그리고 구약성서 속 의인들을 죽은 자들의 영역에서 이끌어 천국문으로 인도하는 모습을 보여 주는 고전 예술 작품들 속에 잘 묘사되고 있다.

그의 육체가 무덤에 누워 있는 동안 예수의 영이 실제로 무엇을 했는지는 여전히 신비로 남아 있다. 하지만 지상에 남아 있던 제자들에게 예수의 죽음과 부활 사이의 시간은 누구도 경험하지 못한 어둠의 시간이었다. 즉, 성 토요일은 극도의 절망을 나타낸다.

셋째 날

셋째 날은 토요일 저녁 일몰과 함께 시작된다. 하지만 진정한 셋째 날은 막달라 마리아가 굴려져 있는 돌과 텅 빈 무덤을 발견한 일요일 아침에 시작되었다. 복음서마다 약간씩의 차이는 있지만, 막달라 마리아가 예수에 의해 귀신들림 또는 정신병에서 치유받은 여인이라는 것에는 모두 동의하고 있다. 마태, 마가, 누가는 그녀가 한두 명의 다른 여인들과 함께 동행했으며, 예수의 몸에 바를 향유도 함께 가져왔다고 말하고 있다.

여인들은 그들이 본 광경으로 인해 깜짝 놀랐다. 왜냐하면, 돌이 무덤 입구로부터 멀리 옮겨져 있었기 때문이다. 그들은 무덤 안으로 뛰어들어갔고, 혹시 누군가가 예수의 시신을 훼손하고 더 큰 모욕을 하기 위해 가져간 것이 아닌지 걱정하였다. 복음서는 그 다음 일어난 일에 대한 기록에서 약간씩 차이를 보이고 있다. 마가복음은 그들이 "흰 옷을 입은 한 청년이 우편에 앉은 것을 보았다(16:5)"고 말하고 있고, 마태복음에서는 그 청년을 "주의 천사(28:2)"(헬라어의 메신저)라고 말하고 있다. 또 누가복음에서는 "문득 찬란한 옷을 입은 두 사람이 곁에 섰는지라(24:4)"고 말하고 있고, 요한복음에서는 "흰옷 입은 두 천사(20:12)"라고 말하면서, 그들이 "어찌하여 우느냐(요 20:13)"라고 말했다고 기록하고 있다. 그리고 누가복음(24:5~6)은 이 천사들이, "어찌하여 살아 있는 자를 죽은 자 가운데서 찾느냐 여기 계시지 않고 살아나셨느니라"고 말했다고 기록한다. 이 말을 듣고, 여인들은 제자들을 찾아서 달려갔다.

  부활절 사건의 시간적 순서 기록은 사복음서 모두 조금씩 차이가 있다. 한 가지 분명한 것은 예수가 부활했다는 사실은 믿기 어려운 일이었다는 것이다. 마가복음(16:1~8)에 보면, 여인들은 예수가 다시 살아났다는 것을 알았지만, 공포에 질려 그 사실을 누군가에게 말하기를 두려워했다고 기록하고 있다. 심지어 마태복음(28:16~17)에는 제자들이 갈릴리 동산에서 예수를 직접 본 후에도, "(아직도) 의심하는 사람들이 있더라"고 기록되어 있다. 누가복음(24:8~11)에서는 마리아와 다른 여인들이 제자들에게 예수가 살아났다고 말했지만, "사도들은 그들의 말이 허탄한 듯이 들려 믿지 아니하였다"라고 쓰고 있다. 또 베드로가 무덤으로 달려가서 들여다 본 후 "놀랐다"고 기록하고 있지만(24:12), 그가 자기가 본 것을 이해하였는지의 여부는 명확하지 않다. 요한복음(20:2~9)의 기록에 의하면, 베드로와 요한이 무덤에 달려갔고 거기서 "세마포 놓인 것을 보았으나" 그들은 여전히 이해하지 못했다. 또 거기에는 예수께서 부활하신 뒤 제자들에게 첫 번째로 나타나셨을 때 그 자리에 없었던, '의심 많은 도마'가 있었다. 도마는 "내가 그의 손의 못 자국을 보며 내 손가락을 그 못 자국에 넣으며 내 손을 그 옆구리에 넣어 보지 않고는 믿지 아니하겠노라(요 20:25)"고 말했다.

나는 복음서 저자들이 심지어 제자들까지 예수의 부활을 보고도 의심하며 씨름했다는 기록을 기꺼이 남겨 준 것에 대해 크게 감사한다. 만일 예수와 함께 있었던 남자와 여자들도 예수의 부활을 믿기 어려웠다면, 2천 년 후의 사람들과 빈 무덤이나 살아 있는 그리스도를 눈으로 보지 못한 사람들은 얼마나 믿기가 더 어렵겠는가?

목회자로서 나는 해마다 부활절이 설교하기에 가장 강력하고 도전적인 주일임을 느낀다. 왜 도전적이냐 하면 우리가 축하하는 부활절 사건은 믿기 어려운 일이기 때문이다. 부활절 이야기의 여러 차원은 현대의 청중들을 "만일 내가 보지 않고서는 … 나는 믿지 못하겠다"라고 말한 도마의 입장에 서게 만든다. 몇몇 해석가들은 부활절 이야기를 좀 더 믿기 쉽도록 만들려고 노력해 왔다. 그들은 복음서의 기록 그대로 대신 수정된 해석을 제시했다. 예를 들면 "아마도 예수는 정말 죽은 것이 아니라 (질식)되었다가 소생되었다." 혹은

"예수는 정말 죽었고, 그의 무덤은 비어 있지 않았다. 여자들과 제자들은 자신들의 간절한 바람에 의해 촉발된 공통된 환상을 보았을 뿐이다."라는 해석이다. 하지만 초대교회는 그의 무덤은 비어 있었고, 예수는 육체적으로 살아났으며, 그가 40일 넘는 기간 동안 제자들과 수백 명의 사람들에게 직접 보이셨다고 담대하게 주장한다. 초대교회 성도들은 예수를 보았고, 그와 대화했다. 그들은 그의 손을 만졌고, 그가 정말로 살아 계심을 확신했다. 그는 유령이 아니었다. 그는 그들과 함께 있었고, 심지어 제자들과 함께 음식을 먹었다. 그는 제자들을 가르치고 격려했다. 그래서 마태는 다음과 같이 그의 복음서 마지막 부분을 예수가 제자들에게 하신 말씀으로 끝을 맺는다. "그러므로 너희는 가서 모든 민족을 제자로 삼아 아버지와 아들과 성령의 이름으로 세례를 베풀고 내가 너희에게 분부한 모든 것을 가르쳐 지키게 하라 볼지어다 내가 세상 끝 날까지 너희와 항상 함께 있으리라"(28:19~20)

세상에는 내가 완전히 이해하지 못하거나 참으로 어처구니없어 보이는 것들이 많이 있다. 나에게는 물리학 영역 대부분이 이 범주에 들어간다. 정말로 우주의 모든 것이 조그마한 크기의 초기 질량(initial mass)에서 나온 것인가? 나는 그것이 어떻게 가능한지 알 수 없다. 하지만 현대 우주기원의 이론이 그렇게 제시하고 있다. 정말 내 몸은 핵(nucleus)을 중심으로 전자구름(electron cloud)이 계속 맴돌고 있는 원자(atoms)들로 이루어져 있나? 나는 이것을 완전히 이해하지 못한다. 하지만 그럴 것이라고 믿는다. 뿐만 아니라 물리학에는 내가 설명하기조차 어렵고, 생각만 해도 마음을 복잡하게 만드는 수많은 다른 개념들이 있다. 그래서 나는 나 자신에게 묻는다. '과연 우주를 창조하고, 원자를 조성하고, 모든 생명체 안에 DNA를 기록하신 하나님께서 예수의 죽은 몸을 되살아나게 하고, 변형시키고, 끝내 부활시키셨을까?' 이런 방식으로 질문을 던지면, 부활은 결코 불가능한 일처럼 보이지 않는다.

또한 예수의 몸의 부활에 대한 질문은 '과연 죽음 이후에 삶이 있는가?' 여부에 관하여 더 큰 질문을 가져오게 한다. 이 두 가지는 서로 얽혀 있다. 만일 예수가 죽음에서 일어났다면, 이것은 죽음 이후의 삶의 실제에 대한 증거가 된다. 그리고 만일 죽음 이후의 삶이 있다면, 예수 자신의 부활도 결코 믿기 어려운 것만은 아닌 것처럼 보인다.

부활 이후 제자들이 변화되었다는 것은 의심의 여지가 없다. 얼마 전까지만 해도 두려움으로 인해 선생 예수를 버리고 예수의 시신을 장사 지내기보다는 굳게 닫힌 문 뒤에 꽁꽁 숨어만 있던 사람들이 지금은 예루살렘 거리를 활보하며 모든 사람에게 예수를 선포하고 있다. "당신들이 원하는 대로 우리에게 행하라." "만일 꼭 그래야만 한다면 우리를 죽여라. 하지만 우리는 당신들에게 말할 것이 있다.

그것은 당신들이 십자가에 못 박은 사람이 다시 살아난 것을 우리가 보았다는 것이다. 그분은 정말로 하나님의 아들이다. 그리고 그분은 영광의 왕이요, 세상의 구원자시다." 제자들은 거기서부터 시작하여 온 세상을 향해 복음을 선포했다. 그들은 고난의 시간도 직면했다. 그들은 계속해서 붙잡히고, 매 맞고, 모욕당하고, 감옥에 던져졌다. 기독교 전승에 따르면, 제자들 가운데 한 명을 제외하고는 모두 믿음 때문에 순교했다고 전해지고 있다. 하지만 그들은 결코 다시는 과거처럼 영적인 어둠의 장소로 도망치지 않았다. 그들은 부활하신 주님을 눈으로 보기 이전에 느꼈던 의심이나 절망감을 더 이상 느끼지 않았다. 희망과 확신 가운데서 삶을 맞이했다. 우리가 부활절 이야기를 듣고 믿고 축하할 때, 우리는 예수의 제자들이 경험했던 동일한 믿음을 선포하고, 동일한 즐거움과 희망을 경험한다. 부활절은 우리 모두를 변화시키는 힘을 가지고 있다.

죽음 이후의 삶에 대한 소망

다양한 사람들로부터 들은 개인적인 경험을 통해 나는 사후의 삶이 있다는 것을 확인하게 되었다. 잠시 내가 지난 수년 동안 들었던 50여 회 이상의 경험 가운데 몇 가지를 나누도록 하겠다.

어느 날 나는 한 죽어 가는 남자와 함께 앉아 있었다. 휠체어에 앉아 있던 그는 나에게 '그들'이 보이냐고 물었다. 하지만 그가 말한

'그들'은 그에게만 보일 뿐, 나에게는 보이지 않았다. 그렇게 말한 후 얼마 지나지 않아, 그는 이 세상을 떠났다. 요양원 침실에서 딸들 품에 안겨 있던 어느 여인은 그녀의 딸들에게 "그들의 소리가 들리니?"라고 물었다. 하지만 그녀의 딸들은 아무것도 들을 수 없다고 대답했다. "정말 그들의 목소리가 안 들리니? 그들이 내 이름을 부르고 있어." 그러자 딸들은 "누가요? 엄마!"라고 물었다. 그러자 그녀는 그녀의 죽은 남편과 부모님, 그리고 다른 돌아가신 분들의 이름을 말했다. 최근 또 다른 여인은 한밤중에 깨었을 때의 경험을 말해 주었다. 그녀는 침대에서 몇 개월 전에 죽은 남편을 보았다고 했다. 죽은 남편 위에는 한 줄기 빛이 있었고, 그는 그녀를 바라보며 웃었다고 했다. 그런데 그녀가 침대에 일어나고 완전히 깨어나자 사라졌다고 했다.

얼마 전 나는 몇몇 목회자들과 함께 돈 파이버(Don Piper)의 「천국에서의 90분(90Minutes in Heaven)」이라는 책에 대하여 함께 대화하는 시간을 가졌다. 파이퍼는 사망한 것으로 판정을 받았고, 사후 세계를 경험한 후 다시 깨어난 사람이다. 모임 중에 어떤 목사가 내게 다가오더니 "나는 파이퍼와 매우 유사한 경험을 했습니다."라고 말하며 자신의 경험을 말해 주었다. 그는 자신이 혼수 상태(coma)에 빠졌고, 의식 회복의 가능성이 거의 없어 가족들이 그의 생명 보조 장치를 제거하기로 결정했었다고 했다. 그는 자기 가족들이 눈물을 흘리며 작별 인사하는 것을 들었다고 말했다. 그런데 바로 그때 몇 해 전에 죽은 옛 친구가 그의 이름을 불렀다. 친구는 그에게 "걱정하지 말게, 모든 게 잘 될 걸세."라고 말했다. 그 목사는 그 순간 놀라운 평화가 자신에게 임하는 것을 느꼈고, 더불어 그 친구를 따라가고자 하는 열망을 느꼈다고 했다. 그 다음에 들린 것은 천국으로부터 흘러나오는 음악 소리였다고 그는 말했다. 그리고 잠시 후에 눈을 뜨고 의식을 회복했다는 것이다. 그는 나에게 "그때 경험한 평화로움과 죽음 저편에 있는 것이 얼마나 놀라운지에 대한 확신을 결코 잊지 못할 것이다."라고 말했다.

나는 계속해서 이런 이야기를 더 많이 나눌 수도 있다. 내가 보기에 이런 경험들의 다양성은 이것이 진짜 사실임을 보여 주는 것 같다. 그리고 만일 죽음 이후의 삶이 있다면, 제자들과 여인들, 그리고 예수가 죽음에서 다시 살아난 것을 보았다는 다른 사람들의 증언은 충분히 타당성이 있다고 생각한다. 중요한 것은 부활하신 예수를 만난 결과 제자들이 급진적으로 변화되고, 담대해지고, 소망으로 가득 찼다는 것이다. 사도 바울은 500명이 넘는 사람들이 부활하신 그리스도를 보았다고 말한다(고전 15:6). 바울 자신도 부활하신 그리스도를 만났고(행 9:1~18), 이 경험은 바울을 기독교의 원수에서 가장 열렬한 지지자로 변화시켰다. 나에게는 그리스도의 부활을 믿기 위해 필요한 믿음의 도약이 적다. 나는 부활이 어떻게 일어났는지, 부활의 구체적인 세부사항 등에 대해서 신비의 영역으로 남겨두는 것에 만족한다. 그럼에도 예수가 부활했다는 것을 사실로 믿는 데에 만족함을 느낀다.

부활은 단지 죽은 사람이 다시 살아나는 것만 의미하지 않는다. 부활의 권능은 그것의 의미에 있다. 나에게 부활은 복음의 완전하고도 본질적인 결말처럼 보인다. 그리스도의 부활은 그의 십자가와 마찬가지로 모든 것을 변화시키는 놀라운 진리를 전달하는 하나님의 말씀이다. 이 부활의 이야기는 제자들의 삶 자체를 규정하였다. 사도 바울은 복음 메시지에서 부활이 차지하는 역할에 대해 다음과 같이 요약하였다. "네가 만일 네 입으로 예수를 주로 시인하며 또 하나님께서 그를 죽은 자 가운데서 살리신 것을 네 마음에 믿으면 구원을 받으리라"(롬 10:9)

이것은 이 책에서 우리가 다룰 대속 교리의 마지막 이론으로 우리를 이끈다. 이것은 종종 '승리자 그리스도'라고 불린다. 스위스의 신학자이자 감독인 구스타프 알렌(Gustaf Aulen)에 의해 유명해진 이 관점은, 초대교회 당시 지배적이었던 대속 교리의 관점 하나를 재진술한 것이다. 이 관점에 의하면, 그리스도의 고난, 죽음, 부활은 우리를 하나님으로부터 분리시키는 악과 죄의 세력 위에 하나님의 승리를 선포하는 강력한 말씀이라는 것이다. 그 모든 것은 죽음에 대한 하나님의 승리이며, 우리는 믿음으로 이것을 나누게 되었다.

알렌이 이 비유를 사용했는지는 잘 모르지만, 나는 아래 비유가 매우 유용함을 발견했다. 예수 그리스도 안에서 하나님은 강력한 원수와 대결하기 위해 권투경기장 안으로 들어가셨다. 이 원수는 마치 옛날 블레셋의 골리앗처럼 인간을 사로잡고 있었다. 인간은 '힘이 곧 정의'인, 그리고 악이 승리자인 것처럼 보이는 세상에 살고 있다. 심지어 예수 당시의 '의로운 자'들도 예수의 배반당함, 정죄당함, 죽음의 이야기 속에서는 질투심에 사로잡히고 불쌍한 죄의 노예였다. 그리고 우리 모두는 죽음의 권세의 노예로 살고 있다.

우리가 악과 죄, 죽음의 노예 상태로 있다는 현실은 주변 곳곳에서 명백히 나타나고 있다. 지구 한쪽에서는 먹을 것이 넘쳐나는데 다른 쪽에서는 매일 3천 명 이상의 어린이들이 배고픔과 영양실조로 죽어가고 있는 현실에서 그 예를 찾아볼 수 있다. 이것은 지구촌 곳곳에서 끊임없이 벌어지고 있는 전쟁과 폭력적 갈등에서도 찾아볼 수 있다. 또한 이기심과 탐욕으로 인한 경제적 파탄과 재앙 속에서도 찾아볼 수 있고, 우리의 인간관계에서 서로가 서로에게 가져다주는 고통 속에서도 찾아볼 수 있다.

예수 안에서 하나님은 악이 한 수 위처럼 보이는 복싱경기장으로 들어가셨다. 예수는 원수의 강력한 일격을 받았고, 그를 파괴하기 위한 강력한 힘에 직면하게 되었다. 그는 매를 맞고, 학대받았으며, 결국 녹다운(knocked out)되고 말았다. 하지만 경기가 패배로 끝날 것처럼 보이던 그때, 예수께서 일어나셨다. 그리고 부활을 통해 악과 죄, 그리고 죽음에게 최후의 일격을 가했고 그리스도는 승리자가 되었다. 이 승리와 더불어 모든 인류는 악과 죄와 죽음의 권세로부터 자유롭게 되었고, 소망과 자유와 사랑의 삶을 살게 하는 예수의 힘에 동참할 수 있는 기회를 제공받게 되었다.

인간은 여전히 예수의 편에 서기로 스스로 선택해야 한다. 그들은 죄와 죽음의 노예에서 강제로 떠나게 되지 않는다. 선과 악의 전쟁은 그리스도가 다시 오실 때까지 계속 될 것이다. 하지만 그의 죽음과 부활은 악의 힘에 결정적인 타격을 가했고, 하나님의 궁극적인 승리를 보여 주었다.

부활에 대한 요한의 기록은 상징적인 면에서 가장 풍부하다. 죽음과 부활을 통해 예수 그리스도가 가져온 승리의 의미를 보여 주는 풍성한 실마리를 포함하고 있다. 오직 요한만이 예수의 무덤이 동산에 있었다고 말하고 있는데, 이것은 우리로 하여금 한 동산(에덴동산)에서 시작된 전체 성경의 이야기를 상기시켜 준다. 거기서 마귀는 아담과 하와로 하여금 하나님께 불순종하고, 자기 숭배를 추구하며, 악을 세상으로 끌어오도록 유혹했다. 그리고 이후로 인간은 자기중심과 불순종, 죄와 수치심의 노예가 되고 말았다. 하지만 예수의 무덤이 있던 동산에서 우리는 십자가에 못 박히고 부활한 그리스도를 따르기로 선택한 이들에게 회복에 동참할 수 있는 기회를 주는 에덴의 역전을 본다. 그들은 하나님의 나라가 "하늘에서 이루어진 것 같이 땅에서도 이루어지도록" 일하고 기도할 수 있다.

요한은 막달라 마리아가 무덤 안에서 예수의 몸이 누웠던 머리 쪽과 발을 두었던 쪽에 각각 한 명씩, 두 명의 천사를 보았다고 말한다. 이 장면은 우리에게 하나님의 자비의 보좌, 즉 하나님의 상징적인 보좌인 언약궤의 덮개를 상상하도록 의도하고 있다. 이것은 대제사장이 하나님 앞에서 대속의 피와 희생 제물을 드리던 곳이다. 즉 이것은 우리로 하여금 그리스도가 죽음을 정복했고 그를 부르는 모든 이에게 자비를 베푼다는 것을 상기시키는 것이다.

정당성 입증

그리스도의 부활은 그의 메시지, 그의 정체성, 십자가에서의 그의 죽음에 대한 정당성을 입증(Vindication)하는 것이다. 예수는 하나님과 이웃에 대한 사랑에 기초한 삶의 방식을 가르쳤다. 그는 잃어버린 자와 깨어진 자들에게 사역했다. 종교 지도자들을 분노하게 한 것 가운데 하나는 예수가 술 취한 자와 창녀들을 가까이했다는 것이다. 심지어 예수는 그들을 자신의 사역에 동참시키기도 했다.

그는 하나님을, 두 명의 아들을 두었고 그 중 하나가 집을 나간 아들을 둔 아버지라고 가르쳤다. 그 아버지는 항상 집 나간 아들이 돌아오기만을 기다렸다. 그는 도망자를 사랑하는 것을 멈추지 않았다. 그리고 이것이 바로 예수가 자신의 사역에 적용한 접근방식이었다. '하나님이 어떤 분일까?'에 대한 예수의 메시지는 당시에 완전히 반문화적이었다. 그는 가난한 자, 배고픈 자, 애통하는 자, 낮은 자, 평화케 하는 자가 복이 있다고 선포했다. 사람들이 나의 이름 때문에 너희를 고소하면 고소당한 자에게 복이 있다고 선포했다. 로마 병사가 당신의 한쪽 얼굴을 때리면 다른 쪽 얼굴도 내밀라, 상대방이 그의 짐을 1마일 옮겨 달라고 요청하면 2마일을 옮겨 주라, 당신의 이웃뿐 아니라 원수도 사랑하라, 당신을 핍박하는 사람들을 위해 기도하라, 일곱 번뿐 아니라 일흔 번씩 일곱 번이라도 용서하라 등등 이런 가르침은 정말로 특이한 가르침들이었다. 과연 어느 누가 정말로 이렇게 살 수 있겠는가? 하지만 그의 부활에 의해 예수의 가르침들은 정당성이 입증되었다.

자신의 정체성에 대한 예수의 주장 역시 특이해 보인다. 그는 "나는 생명의 떡이니 내게 오는 자는 결코 주리지 아니할 터이요 나를 믿는 자는 영원히 목마르지 아니하리라(요 6:35)"고 말했다. 그리고 "나는 부활이요 생명이니 나를 믿는 자는 죽어도 살겠고(요 11:25)", "내가 곧 길이요 진리요 생명이니 나로 말미암지 않고는 아버지께로 올 자가 없느니라(요 14:6)"고 말했다. 또한 예수는 "옛 사람에게 말한 바 … 너희가 들었으나 나는 너희에게 이르노니(마 5:21~22)"라고 말하면서 반복적으로 유대인들의 전통과 가르침을 재해석하였고, "가서 모든 민족을 제자로 삼아 … 내가 너희에게 분부한 모든 것을 가르쳐 지키게 하라(마 28:19~20)"고 말했다. 그는 자신이 메시아, 살아 계신 하나님의 아들이라고 주장했다. 하지만 이것은 당시 종교 지도자들이나 군사적 메시아를 기대하던 사람들이 명백하게 거부하는 것들이었다. 그는 심문받을 때 자신이 메시아라는 주장을 다시 주장했다. 그리고 예수의 이 모든 주장은 부활을 통해 입증되었는데, 바울은 로마서 1장 4절에서 이렇게 쓰고 있다. "성결의 영으로는 죽은 자들 가운데서 부활하사 능력으로 하나님의 아들로 선포되셨으니"

또한 부활은 예수의 십자가 죽음의 의미를 확인시켜 주었다. 그것은 죄의 용서를 가져오는 신성한 목적을 완성하였다. 누가는 이것을 부활 후 예수가 그의 제자들에게 하신 다음 말씀에서 포착했다. "이르시되 이같이 그리스도가 고난을 받고 제삼일에 죽은 자 가운데서 살아날 것과 또 그의 이름으로 죄 사함을 받게 하는 회개가 예루살렘에서 시작하여 모든 족속에게 전파될 것이 기록되었으니 너희는 이 모든 일의 증인이라"(눅 24:46~48)

예수의 메시지, 정체성, 십자가 죽음이라는 세 가지 영역에서 예수의 부활은 그가 말한 모든 것, 그가 행한 모든 것, 그가 누구인지에 대한 모든 것을 입증한 것이다.

궁극적으로 부활은 예수와 대적했던 모든 힘 – 산헤드린 공회와 로마제국뿐만 아니라 세상에 존재하는 모든 악의 힘 – 에 대한 하나님의 승리를 보여 주는 극적인 표적이다. 또한 죽음에 대한 하나님의 승리의 표적이기도 하다. 비록 잠시 동안은 우세한 것처럼 보였지만, 결코 죄와 악, 죽음이 최후의 승자가 아님을 보여 준 것이다. 다시 말해 부활은 모든 것에 대한 승리의 함성이고 선, 정의, 생명이 궁극적으로 승리할 것임을 보여 주는 증거다. 바울도 이에 대해 "사망이 쏘는 것은 죄요 죄의 권능은 율법이라 우리 주 예수 그리스도로 말미암아 우리에게 승리를 주시는 하나님께 감사하노니(고전 15:56~57)"라고 쓰고 있다.

승리자 예수 그리스도는 자신의 고난과 죽음, 그리고 부활이 이 세상의 죄와 악, 불공평, 비극, 고통에 대한 하나님의 응답이라고 말한다. 예수는 이 모든 것을 경험했다. 그리고 이 모든 것에 대해 승리했다. 예수는 자신을 따르기로 선택한 모든 이들이 하나님의 백성으로, 죄의 세력과 죽음의 두려움으로부터 자유로운 삶을 살기를 초대한다. 부활절의 권능과 승리자 그리스도의 대속 이론은 한 단어로 요약될 수 있는데, 그것은 바로 '희망'(hope)이다. 희망은 일이 잘 풀릴 것 같은 느낌이다. 즉, 어려운 상황과 고통스런 환경에도 불구하고 뭔가 좋은 일이 기다리고 있을 것이라고 느끼는 것이다. 희망은 우리가 살아가는 데 꼭 필요한 것이다. 하버드대 의학과 학과장인 제롬 그루프먼(Jerome Groopman)은 그의 저서 「희망의 분석(The

Anatomy of Hope)」에서 "희망은 우리에게 환경에 직면할 수 있는 용기와 그것을 극복할 수 있는 능력을 준다. 희망, 진정한 희망은 나의 모든 환자에게 내가 처방하는 어떤 약이나 치료만큼 중요하다는 것이 증명되어 왔다."라고 말한다.16) 바로 이 희망이 예수의 고통, 죽음, 부활 이야기가 우리에게 가져다주는 것이다.

세계 곳곳에서 일어나는 대부분의 일들은 우리를 두려움에 빠지도록 만든다. 몇 해 전 〈타임스〉가 지구온난화를 표지 기사로 다루었는데, 그때 기사 제목은 '걱정하라. 심히 걱정하라!' 였다. 나는 지구온난화가 정말로 큰 위협이고 그리스도인들이 환경 보호에 앞장서야 한다고 생각한다. 하지만 나는 궁극적으로 지구온난화를 두려워하며 살지는 않을 것이다. 왜냐하면 최후 승리자는 그리스도이시지 지구온난화가 아님을 믿기 때문이다.

계속되는 테러의 위협도 실제다. 나는 테러리스트가 범람하는 환경을 만들고 있는 숨겨진 이슈들을 해결하는 방법을 찾아야 한다고 믿는다. 하지만 테러에 대한 두려움 속에서 살지는 않을 것이다. 왜냐하면 최종 승리자는 테러리즘이 아니라 그리스도이기 때문이다.

2008년 전 세계적인 경제 위기가 세계를 강타했다. 그리고 이것은 우리와 돈과의 관계를 근본적으로 바꿀 것을 요구하고 이런 저런 방법으로 거의 모든 사람에게 영향을 미쳤다. 하지만 나는 심지어 이런 전 세계적인 경제 위기도 그리스도가 승리자라는 사실에 여전히 어떤 영향을 미칠 수 없다고 믿는다.

예수가 최후 승리자라는 것을 아는 것은, 우리가 이 시대의 문제들을 직면할 때 우리에게 큰 용기를 준다. 그 지식은 우리로 하여금 방 안에 숨어 있지 못하게 한다. 머리를 숨기고서 나는 그 문제와 상관없다고 말하지 못하게 한다. 우리는 당연히 세계에서 발생하는 일들에 대해 관심을 가진다. 그리고 이 부활 때문에 우리는 그런 문제들에 대해 희망과 큰 용기를 가지고 대면할 수 있다.

프레드릭 부크너(Frederick Buechner)의 다음 말은 이 모든 것을 잘 보여 준다. "부활은 최악의 일(the worst thing)이 결코 최후의 일(the last thing)이 아니라는 의미다."

수년 동안 나는 우리 교회 성도들이 죽음을 맞이하는 과정을 많이 돌보았다. 그 중에는 내가 아는 어떤 사람보다도 그리스도의 승리에 대한 확신을 잘 표현한 위대한 한 남자가 있다. 몇 년 동안 아이를 갖기 위해 노력한 끝에, 그와 그녀의 아내는 마침내 자그마한 딸아이를 얻게 되었다. 그런데 몇 달 후 그 남자는 희귀한 급성 암이라는 진단을 받았다. 병이 그의 몸을 완전히 사로잡았을 때 나는 그의 침대 옆에 앉아 있었다. 그런데 그는 그 위중함 중에도 정말로 놀라운 믿음을 고백했다. "목사님, 저는 하나님이 당신의 자녀들에게 암을 주시지 않는다고 믿습니다. 이것은 단지 삶의 한 부분일 뿐이죠. 물론, 나는 병이 낫기를 기도하고 있습니다. 그것이 나의 바람입니다. 하지만 나의 기도는 병이 치유받는 것 이상입니다. 내가 기도하는 것은 지금 이 암과의 전쟁 속에서도 어찌하든 나를 통해 하나님의 영광이 드러나는 것입니다." 그는 계속 말했다. "나는 그리스도가 부활하신 것을 압니다. 그리고 그가 살아 계시기 때문에 나도 살 것입니다. 나는 그리스도가 나를 위해 집을 예비하신 것을 알고 있습니다. 나는 두렵지 않습니다. 그리고 하나님께서 사람들을 보내어 내 아내와 딸을 돌보실 것을 믿습니다. 바울이 말한 것처럼, 만일 내가 더 살게 된다면 나는 감사할 것이고 그분께 쓰임받기를 바랍니다. 하지만 만일 암이 계속 퍼지게 되면 내가 그분 곁에 있게 될 것이라는 것을 압니다. 그리고 나는 그것에 대해서도 감사할 것입니다. 왜냐하면, '내게 사는 것이 그리스도니 죽는 것도 유익' 하기 때문입니다."

지금 이 글을 쓰는 순간 나는 부활의교회의 담임목사로 거의 20년을 섬겨 왔다. 내가 아내와 딸들과 함께 교회를 개척했을 때, 나는 25세였다. 지난 20년간 매해 부활절마다 나는 다음과 같은 말로 부활절 설교를 마쳤다. "사람들은 나에게 '당신은 정말로 부활 이야기를 믿습니까?'라고 묻는다. 그러면 그럴 때마다 내 대답은 항상 똑같다. "나는 단지 그것을 믿는 것뿐만 아니라, 전적으로 그것에 의지해 살고 있습니다."

나는 아이작 왓츠(Isacc Watts)의 유명한 찬송시와 함께 이 책을 마치려고 한다. 이 찬송시는 십자가에 초점을 맞추고 있다. 나는 이 찬송시가 예수의 생애 마지막 24시간 동안 일어났던 사건들을 묵상할 때, 하나님께서 우리에게 바라시는 응답을 잘 가장 보여 준다고 믿는다.

주 달려 죽은 십자가

주 달려 죽은 십자가 우리가 생각할 때에
세상에 속한 욕심 헛된 줄 알고 버리네

죽으신 구주 밖에는 자랑을 말게 하소서
보혈의 공로 힘입어 교만한 맘을 버리네

못 박힌 손과 발 보오니 큰 자비 나타내셨네
가시로 만든 면류관 우리를 위해 쓰셨네

온 세상 만물 가져도 주 은혜 못 다 갚겠네
놀라운 사랑받은 나 몸으로 제물 삼겠네[17]

아멘! 아멘!

주

1) 사디스 멜리토(Melito of Sardis)의 "유월절에 대하여"(On the Passover) 참조 http://www.crossroadsinitiative.com/library_article/817/On_the_Passover_Melito_of_Sardis.html.(March 1, 2006)
2) 에드먼드 버크(Edmund Burke)의 아래 인용 페이지 참조 http://www.quotationspage.com/quotes/Edmound_Burke/.(March 14, 2006)
3) 말콤 X(Malcolm X)의 자서전(*The Autobiography of Malcolm X*) 참조, Ballantine Books (1964); 402쪽.
4) 리비우스(Livius) 전기: "고대 역사, 본디오 빌라도에 대한 사설" 참조 http://www.livius.org/pi-pm/pilate/pilate04.html.(May 26, 2009)
5) 피의 보좌(*Thrones of Blood*): 예수 시대의 역사 (*기원전 37년부터 기원 후 70년*) (Barbour Publishing, Inc., 1993); 61쪽.
6) 피의 보좌(*Thrones of Blood*): 예수 시대의 역사 (*기원전 37년부터 기원 후 70년*) (Barbour Publishing, Inc., 1993); 62쪽.
7) 니케아, 후기니케아 교부들 (두 번째 시리즈), Hendrickson Publishers(1999); Vol. 1, 189쪽.
8) 위키피디아 http://en.wikipedia.org/wiki/Stanford_prison_experiment. (March 30, 2006)
9) 평범한 사람에서 악한 자로의 변화, 필립 짐바르도(Philip Zimbardo); http://www.sonoma.edu/users/g/goodman/zimbardo.htm.(June 2009)
10) 보통 사람에서 악한 자로의 변화, 필립 짐바르도(Philip Zimbardo)
11) NPR(전국공공라디오방송), 아침편(Morning Edition) 참조 http://www.npr.org/templates/story/story.php?storyId=5308074. (March 29, 2006)

12) 세네카의 편지(*Seneca's Epistles*) Vol. 111 참조 http://www.stoics.com/seneca_epistles_book_3html.(April 4, 2006)
13) 라인에 대한 성경역사 참조 http://www.bible-history.com/pas/flagrum.pas/flagrum.html.(April 4, 2006)
14) 라인에 대한 성경역사 참조 http://www.bible-history.com/pas/flagrum.html.(April 4, 2006)
15) 지옥의 정복(Harrowing of Hell) 참조 http://en.wikipedia.org/Harrowing_of_Hell.(May 2008)
16) 제롬 그루프먼의 「희망의 힘」(*The Anatomy of Hope*) 참조, Random House (2004); 14쪽.
17) 주 달려 죽은 십자가("When I Survey the Wondrous Cross"), 미연합감리교회 찬송가(The United Methodist Publishing House, 1989); 298장.